丸《まる》木《き》俊《とし》

「原《げん》爆《ばく》の図」を描《えが》き
世界に戦《せん》争《そう》を
伝《つた》える

岡村幸宣・文

伝記を読もう

もくじ

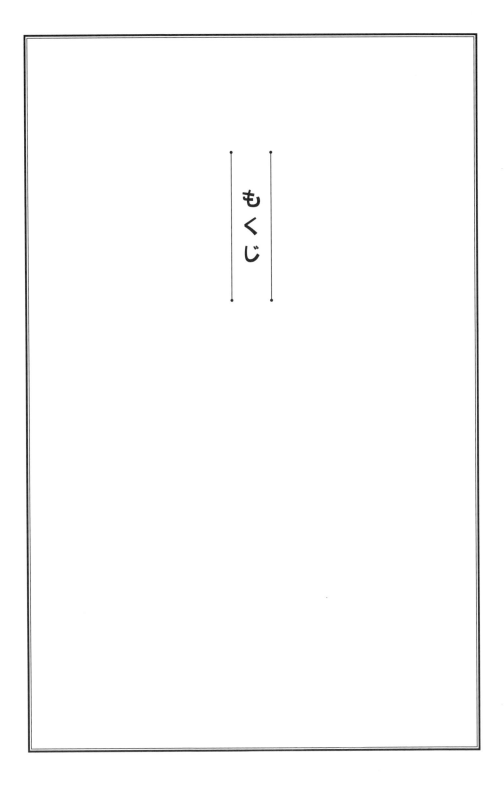

はじめに

一九四五（昭和《しょうわ》二十）年八月六日、午前八時十五分。世界で初《はじ》めて実際《じっさい》に戦争《せんそう》で使われた原子爆弾《げんしばくだん》が、広島市《ひろしまし》の上空で爆発《ばくはつ》しました。

できるだけたくさんの命を、できるだけかんたんな方法《ほうほう》でうばう。人間の知恵《ちえ》と努力《どりょく》によって生み出された科学技術《ぎじゅつ》の成果《せいか》が、かならずしも人間にしあわせをもたらすとは限《かぎ》らないことを、切実に示《しめ》した歴史《れきし》の分岐点《ぶんきてん》でした。

丸木俊《まるきとし》（赤松俊子《あかまつとしこ》）は、芸術《げいじゅつ》と生活のパートナーである丸木位里《まるきいり》といっしょに、「原爆《げんばく》の図」という絵を描《か》いた画家です。俊《とし》は一九一二（明治《めいじ》四十五）年に北海道《ほっかいどう》の小さな村に生まれ、東京《とうきょう》に出て、いっしょけんめいに努力《どりょく》して、絵を描《か》くことを仕事にしました。

長い人類《じんるい》の歴史《れきし》のなかで、とりわけ日本で女の人が自分の力で芸術家《げいじゅつか》として生きていくことは、これまでにほとんどありませんでした。

また、勇《いさ》ましく戦《たたか》い、相手を殺《ころ》して英雄《えいゆう》になった男の人の絵はたくさん描《か》かれてきましたが、きずつき、命をうばわれていった女の人や子どもたちのすがたを伝《つた》える絵は、あまり描《か》かれてきませんでした。

丸木俊《まるきとし》は、新しい世界のとびらを開いた芸術家《げいじゅつか》のひとりです。自分たちで描《か》いた「原爆《げんばく》の図」を世界じゅうの人たちに見せてまわり、それから、だれにでも、いつでも絵を見てもらえるように、自分たちで展示《てんじ》する場所をつくり、そこで生活をして、絵を描《か》き続《つづ》けたという活動は、本当にユニークで、ほかに例《れい》がありません。

人にやさしく、自分の生きたいと思う道を力いっぱいかけ抜《ぬ》けた「女絵《え》描《か》き」の生き方は、とても楽しく、心をひかれます。

ぜひみなさんも、その足どりをいっしょにたどっていきましょう。

一　北国の少女

広い北海道《ほっかいどう》の小さな村に、新しいお寺がたちました。赤い屋根がよく目立つ、かわいらしいお寺です。そのお寺の白いかべに、たったひとりで、せっせと絵を描《か》いている小さな女の子がいました。

かべからふすまへ、そしてろうかへ。

人、人、人。

小学校の全校児童《じどう》の遠足です。

村の名は「秩父別《ちっぷべつ》」といいました。本当は、むかしからこのあたりに住んでいるアイヌの人たちの言葉で「チクシペッ」（通路のある川）という地名だったのです。遠く瀬戸内海《せとないかい》から土地を開くために新しくやってきた人たちが、村の名をつけました。

女の子は、その村のお寺のむすめに生まれました。名字は赤松《あかまつ》、名前は俊《とし》といいました。

俊《とし》は絵を描《か》くのが大好《だいす》きでした。自分が小学校へあがる前から、たくさんの子どもたちの行列を描《か》いて、よろこんでいました。お母さんが帰ってきて、遠足の絵を見たときに、どれほどおどろいたことでしょう。それでも、しかられたことをおぼえていないので、家族はだれもしからなかったのかもしれません。これはおまえが描《か》いたのだよ、という絵の一部は、ずいぶん長いあいだ、かべに残《のこ》されていました。

俊《とし》が生まれた秩父別《ちっぷべつ》は、寒い北海道《ほっかいどう》のなかでも、いちだんと寒いところでした。真冬には、気温がマイナス二十度まで下がって、大雪がふります。一年じゅうどろでぬかるんだ土地には、米や野菜《やさい》を植えてもなかなか育たず、村のくらしはきびしいものでした。

俊《とし》が生まれる少し前には、日本とロシアの大きな戦争《せんそう》があり、村の男たちは戦争《せんそう》に行かされて、たくさん死んでいきました。

お寺は村の人たちが集まるところでした。外国語の勉強会を開くこともあれば、なやみを聞くこともありました。俊《とし》は子どものころから、まずしさに苦しんでいる人のすがたをたくさん見ていました。とくに女の人は、家の外でへとへとになるまで働《はたら》き、家に帰ってきてからも、男の人にいばられたりして、からだも心もつかれはてていました。俊《とし》がお父さんに家まで送っていくようにたのまれて、いっしょに歩いているうちに、道にすわりこんで泣《な》き出す人もいました。

「おばさん、もうおうちに帰ろ。」

俊《とし》はそう言って手をひっぱりますが、大人は重くて、うごきません。

「わたしがどんなに働《はたら》いても、くらしはよくならん。」

顔に白粉《おしろい》をぬり、男の人のお酒の相手をして、まわりの人たちからいやなうわさを立てられても、くじけずに働《はたら》いて、それでも生活は楽にならないのです。まるで子どものようにすわったまま、おんおんと泣《な》く女の人を見ながら、俊《とし》もいっしょに泣《な》きました。

家のなかでは、きげんの悪いおじいさんの顔色をうかがいながら、おばあさんも、お父さんも、お母さんも、あまり口をきかずにくらしていました。弟や妹が四人生まれても、決してあたたかい家庭ではありませんでした。

それでも北の大地には、ゆたかな自然《しぜん》があふれています。大雪がふれば、そり遊び。春になって雪がとけると、美しい花がさきはじめます。雨あがりの虹《にじ》は、大空いっぱいにきらきらと橋をかけました。夏はさわやかな風が吹《ふ》いて太陽の光がふりそそぎ、秋になると山の木々《きぎ》が燃《も》えるように真っ赤な色に染《そ》まります。俊《とし》は四季《しき》の自然《しぜん》に育てられて、すこやかな少女に成長《せいちょう》していきました。

小学校に入ると、ひとりの若《わか》い先生に出会いました。渡伊佐松《わたりいさまつ》という名の、まだ十六歳《さい》の先生です。子どもたちにとっては、お兄さんのように見えたでしょう。

算数の時間になると、渡《わたり》先生は子どもたちの前で頭をかかえてみせます。

「さあて、先生もわからなくなったぞ。」

するとみんなはおどろき、本気になって考えるのでした。えらそうにいばるのではなく、いっしょになって笑《わら》い、ときにはなみだを流す正直な先生を、子どもたちは大好《だいす》きでした。

つづり方、という作文の時間がありました。

子どもたちの机《つくえ》に、印刷《いんさつ》された詩が配られました。

うちのぶたは黒いろです。
ぶたのけつに陽《ひ》があたって
ゆげが出ています。

「よくぶたを観察《かんさつ》しているね。寒い寒い北海道《ほっかいどう》に春がやってきたという感じが、とてもよく出ているね。」

渡《わたり》先生は、やさしく詩をほめました。みんなは感心して先生の話を聞きました。その詩を書いたのは、家がまずしくて、みんなにばかにされ、笑《わら》われてばかりいた子だったのです。

みんなでぶたを見にいこう。子どもたちは、学校の帰りに雪どけの道を走っていきました。その子の家のぶた小屋には、よく太った黒いぶたがいました。春の日ざしをあびて、ぶたのからだから、かげろうのようなゆげがあがっています。

『雪国の太郎』
伊藤整《いとうせい》・作　帝国教育会出版部《ていこくきょういくかいしゅっぱんぶ》
1943年に赤松俊子《あかまつとしこ》という名前で描《か》いたさし絵（内扉《うちとびら》）

「本当だ、けつからゆげが出てらあ！」

子どもたちは大よろこびでした。すばらしい詩を書いた子を、心からすごいと思いました。

わたしたちは平等を教わったのです。

わたしたちはすべての人に才能《さいのう》がかくされていることを知ったのです。

俊《とし》は、大人になってからも渡《わたり》先生の教えがわすれられず、何度も思い出して、文章に書いています。こうしたひとつひとつのできごとが、広い世界を見つめていくための、大切な心の土台になっていきました。

負けずぎらいの俊《とし》は、だれよりもいっしょけんめいに努力《どりょく》をする子どもでした。学校の成績《せいせき》もよく、小学校の卒業式《そつぎょうしき》では、同級生を代表して記念品《きねんひん》を受けとりにいきました。

俊《とし》は得意《とくい》になっていましたが、卒業式《そつぎょうしき》を見にいったお母さんには、となりにすわっていたおばさんたちの声が聞こえてきました。

「お寺の俊《とし》ちゃんはよくできる子だって聞いていたから、どんな子かと思ったら、まあ、なんてぼろぼろの着物を着ているんだろう。」

たしかに俊《とし》の着物は、古びていました。そでがよごれて、布《ぬの》がやぶれ、なかに入っていた綿《わた》がとび出し、ちぎれてしまって、赤い木綿《もめん》が見えていました。まずしい村の子どもたちの着物のなかでも、ひどく目立つほどでした。

お母さんは家に帰って、しくしく泣《な》きました。けれども、そんなお母さんを見ていた俊《とし》の心には、逆《ぎゃく》に力がわいてきました。まずしさや他人の悪口に負けてはいけない、と思ったのです。それからは、わざとぼろぼろのすがたをして、胸《むね》をはって村を歩くようになりました。

春になると、俊《とし》は旭川《あさひかわ》の女学校へ行くことになりました。旭川《あさひかわ》は、北《ほっ》海道《かいどう》で札幌《さっぽろ》の次に大きな町です。秩父別《ちっぷべつ》からは四十キロメートルほどはなれています。俊《とし》は旭川《あさひかわ》の町に下宿することになりました。

ちょうどそのころ、お母さんが病気のために旭川《あさひかわ》の大きな病院に入院しました。俊《とし》は学校の帰りに病院へ通いました。お母さんとふたりだけで過《す》ごす時間は、うれしいものでした。けれども、お母さんのせきはひどくなり、からだもやせて、もう助からないだろう、と言われ、お寺へ帰っていきました。

最初《さいしょ》の夏休みが終わったときのことです。お寺に新しい門が完成《かんせい》しました。上の階に鐘《かね》をつるした、りっぱな門です。村の人たちがかけつけて、お祝《いわ》いが四日も続《つづ》きました。

ところが、お祝《いわ》いの終わった次の日の朝、電灯《でんとう》から電気がもれて、火事になりました。近くの部屋でねていたお母さんが気づいて、すぐにみんなに知らせて消しとめようとしましたが、火のいきおいは強く、新しい門だけを残《のこ》して、ほとんど全部の建物《たてもの》が燃《も》えてしまいました。

「俊《とし》ちゃん、たいへん。このお寺はあなたのおうちではないの。」

学校の昼休みに、友だちから新聞に記事が出ていると教えられて、俊《とし》は夕方の汽車に乗って、あわてておお寺へ帰りました。

お母さんは焼《や》け残《のこ》った部屋にねかされていましたが、もう起きる力はありませんでした。からだは日に日に悪くなり、火事から二か月が過《す》ぎた日に、三十七歳《さい》の若《わか》さで亡《な》くなりました。残《のこ》された小さな赤ちゃんは、親せきの家にもらわれていきましたが、まもなく死んでしまいました。

人生をかけて北海道《ほっかいどう》へわたり、苦労《くろう》してお寺をたてたおじいさんは、すっかり元気をなくして、生まれ育った香川県《かがわけん》へ帰ってしまいました。

俊《とし》は学校の休みでお寺へ帰ると、弟や妹の世話をするようになりました。

「ねえちゃん、ねえちゃん。」

小さな子どもたちは、俊《とし》の両手にぶらさがって、ついてまわりました。夜になると、みんなが近くにねたがって、泣《な》いてさわぎました。わたしはお母さんの代わりなのだと思いながら、十三歳《さい》の俊《とし》も、ときどき悲しくなって、こっそり泣《な》きました。


やがて、家に新しいお母さんが来ることになりました。

「もうすぐ、かあちゃんが来るんだ。」

みんな、とても楽しみにしていました。けれども、新しく来たお母さんは、子どもたちの名前を知りませんでした。ひとりひとり、きょうだいの名前を教えながら、俊《とし》は、ああ、この人は本当のお母さんではない、とがっかりしました。もう死んだお母さんがもどって来ることはないのだ、とはっきりわかりました。

それから俊《とし》は、あまり話をしなくなりました。弟たちもしょんぼりして、家のなかは、だんだん冷《つめ》たい空気になっていきました。けれども、新しいお母さんはよく働《はたら》き、そうじをして、部屋のなかは、きれいにかたづいていきました。

あるとき、俊《とし》は、お母さんが自分の子どもをつくらずに、前のお母さんの子どもたちを大切に育てようとしていることに気がついて、はっとしました。お母さんがそんな決心をして家に来てくれたのだから、自分も考えを変《か》えなければいけない。死んだお母さんとくらべて、あそこがちがう、ここがちがう、と言うのではなくて、友だちのつもりになって何でも話しかけてみよう、と思うようになりました。

お母さんは、そんな俊《とし》の変化《へんか》をよろこんで、いっしょに話をしてくれました。すると家族の空気は、少しずつ明るく変《か》わっていきました。

俊《とし》は自分が成長《せいちょう》して、急に大人になったような気がしたのです。

二　女絵描《おんなえか》きになる

旭川《あさひかわ》の女学校に、新しい図画の先生がやってきました。東京《とうきょう》の美術学《びじゅつ》校を卒業《そつぎょう》したばかりの、戸坂太郎《とさかたろう》という先生でした。

「俊《とし》ちゃんたち、いいわねえ。あんなにすてきな先生に習えて。わたしも絵がうまければよかった。」

俊《とし》は友だちにうらやましがられました。

それまでは、年をとって、やる気のない先生に図画を教わっていたのです。お手本を見ながらリンゴやバナナを描《か》くときにつかう色の名前を読みあげる先生の言葉を書きうつしておぼえるのです。俊《とし》はすっかり図画の時間がきらいになって、学校の先生になろうと思っていました。

けれども、戸坂《とさか》先生のおかげで、子どもたちは急に、熱心《ねっしん》に絵を描《か》くようになりました。なかでも俊《とし》の絵は、だれもがみとめるほど、すぐれた力をもっていました。

「なんだ、赤松《あかまつ》。おまえ、字を書いているのか。字なんかやめて絵を描《か》けよ。」

習字の時間に、戸坂《とさか》先生といっしょに女学校へやってきた加納《かのう》先生が、丸メガネのむこうから俊《とし》をのぞいて、笑《わら》いました。

「え、いいんですか。」

そんなふうに言われたことがなかった俊《とし》は、びっくりしました。

「おまえは、好《す》きなことをやればいいんだよ。」

若《わか》い先生たちの明るい言葉は、俊《とし》の心をはげましてくれました。俊《とし》は夢中《むちゅう》になって絵を描《か》きました。

「なんだ、おれの顔を描《か》いたのか。よく似《に》てるな。」

加納《かのう》先生は、自分の顔の絵を持って、うれしそうに戸坂《とさか》先生に見せにいきました。職員室《しょくいんしつ》は大さわぎになって、先生たちは笑《わら》っていました。

卒業《そつぎょう》旅行は、登別温泉《のぼりべつおんせん》。それから海をわたって、青森県《あおもりけん》の浅虫温泉《あさむしおんせん》にも行きました。俊《とし》は、先生や友だち、いっしょに行った写真屋さん、温《おん》泉《せん》の湯けむりや汽車のなかで弁当《べんとう》を食べているみんなのすがたなど、たくさんの絵を描《か》きました。

旅行が終わると、戸坂《とさか》先生がスケッチをかざって展覧会《てんらんかい》を開いてくれました。町の新聞が取材《しゅざい》に来て、大きく記事にしてくれました。

女学校を卒業《そつぎょう》したら、東京《とうきょう》で絵の勉強をしたい。

俊《とし》の心のなかに、だんだん、そんな気持ちがわいてきました。そのころ、女の人が絵を学ぶことのできる学校は、東京《とうきょう》の女子美術《じょしびじゅつ》学校（いまの女子美術《じょしびじゅつ》大学）しかなかったのです。けれども、北海道《ほっかいどう》から東京《とうきょう》へ行くには、お金がかかります。学校だけでなく、下宿や生活にもお金が必《ひっ》要《よう》です。俊《とし》はおそるおそる、お父さんに相談しました。お父さんは、家《か》計簿《けいぼ》を広げて見せてくれました。

「いまのお寺のかせぎでは、とてもおまえを東京《とうきょう》の学校に行かせることはできないよ。」

俊《とし》は、ぽろぽろと泣《な》きました。お父さんの話はよくわかりました。けれども、どうしても美術《びじゅつ》学校に行きたいという気持ちを、おさえられないのです。お父さんは、自分も大学で勉強したかったのに、お寺をつぐためにあきらめなければいけないという経験《けいけん》をしていました。むすめの気持ちもいたいほどよくわかるのです。ふたりはだまったまま、静《しず》かに時間が過《す》ぎていきました。

「しかたがない。一学期だけでも東京《とうきょう》に行ってみるか。」

最後《さいご》はお父さんが、俊《とし》の気持ちに負けました。

一九二九（昭和四《しょうわ》）年の春のことです。俊《とし》はデッサンと水彩画《すいさいが》を東京《とうきょう》へ送り、美術《びじゅつ》学校からは合格《ごうかく》の知らせがとどきました。

北海道《ほっかいどう》の小さな村で育った俊《とし》にとって、はるばる汽車でたどりついた東京《とうきょう》は、まるで別世界《べっせかい》でした。都会には人がたくさんいます。見るものは何もかも目新しく、学校の同級生は、お金持ちのおじょうさまばかりで、おしゃれな服を着ていました。

美術《びじゅつ》学校では、日本画や裁縫《さいほう》の学科が人気でした。卒業《そつぎょう》しておよめさんになる準備《じゅんび》のつもりで入学する人もいたのです。ヨーロッパで生まれた油絵は、男の人が描《か》くものだと思われていました。俊《とし》が通うのは油絵の学科です。本気で画家になろうと思っている学生は、ほとんどいないようでした。俊《とし》は心細くなりましたが、自分は画家になる決心をして東《とう》京《きょう》に出てきたのだから、人のことは気にせず、がんばって絵を描《か》こう、と決めました。

デッサンの時間には、石こうでつくられたヴィーナスの像《ぞう》を描《か》きました。ふと手を休めて教室のみんなのデッサンを見まわすと、長い顔や丸い顔がありました。目が大きかったり小さかったり、美しいはずのギリシャの女神《めがみ》の顔は、まるで自画像《じがぞう》のように、それぞれの作者に似《に》ているのです。三十人いれば三十通り、みんなちがったヴィーナスが生まれていることに気がついて、俊《とし》は楽しくなりました。

やがて先生が教室に入ってきました。そしてみんなのデッサンを見て、きびしい顔で言いました。

「これは何ですか。こんなヴィーナスがどこにありますか。」

たちまち、まちがった線は消されます。だれが描《か》いても同じような、正しい線を描《か》くことが芸術《げいじゅつ》なのでしょうか。俊《とし》は悲しくなりながら、これも絵描《えか》きになるための勉強だと思って、描《か》き続《つづ》けるのでした。

夏休みに村へ帰ると、お父さんが、もう東京《とうきょう》へやるお金がない、と言いました。それでも俊《とし》はあきらめられず、女学校の戸坂《とさか》先生や加納《かのう》先生に相談に行きました。大人たちは、何とかして俊《とし》を助けるために、絵を注文しよう、と考えました。人物画や庭にさく草花を描《か》いてほしいという仕事が、あちこちから俊《とし》のもとによせられました。

二学期がはじまり、俊《とし》は東京《とうきょう》にもどって美術《びじゅつ》学校へ通い続《つづ》けることができました。そのころ、俊《とし》にはミス・ハッパイというあだ名がつきました。いつもおなかをすかせていて、友だちの家でごはんをごちそうになるときに、もりもりおかわりをするから、ミス・ハッパイというわけです。本当に八杯《ぱい》のおかわりをしたのかもしれません。

北海道《ほっかいどう》からの仕送りは、なかなかとどきませんでした。俊《とし》は上野公園《うえのこうえん》の階段《かいだん》の下で、似顔絵描《にがおえか》きのアルバイトをはじめました。映画《えいが》スターの絵を見本で描《か》いて、画板を首から下げて、お客さんを待つのです。うわさを聞いた学校の友だちは、「みんなでハッパイを応援《おうえん》しよう」とかけ

美術《びじゅつ》学校時代の俊《とし》

つけてくれました。女の子たちがにぎやかによびこみをするので、たくさんの人が集まってきました。男の絵描《えか》きにけんかを売られ、どちらの似顔絵《にがおえ》がうまいか、お客さんたちの前で対決をしたこともありました。ふたりの絵をくらべて見ていたお客さんは、ねえちゃんの勝ちだ、と声をあげて、男の絵描《えか》きはにげていきました。

俊《とし》は人間を描《か》くのが得意《とくい》だったのです。美術《びじゅつ》学校でデッサンを学び、上野《うえの》でたくさんのお客さんの顔を描《か》いているうちに、人間を見る目は、どんどんするどくなっていきました。一本の線で人間の個性《こせい》を描《か》き分ける技《わざ》もうまくなっていきました。

とはいえ、学校を卒業《そつぎょう》して、すぐ画家になれるわけではありません。俊《とし》は、千葉県《ちばけん》の市川市《いちかわし》にある小学校の先生になりました。

毎朝決まった時間に職員室《しょくいんしつ》へ行くのが苦手な俊《とし》は、授業《じゅぎょう》がはじまったころに、おくれて校門に入ります。教室で待っていた子どもたちは、わっと声をあげて、まどから手をふって先生をむかえました。

「あ、か、ま、つ、せ、ん、せ、せい。」

俊《とし》は校庭のまんなかで、全校児童《じどう》に向かって、からだをくるりと回転させながら、元気よく、おはよう、とさけびました。子どもたちは校庭に飛《と》び出してきて、みんなで大さわぎをしながら教室に入りました。

もちろん、学校が終わったあとで、俊《とし》は校長先生によび出されて、ひどくしかられました。それでも明るくやさしい俊《とし》は、子どもたちに人気がありました。

市川《いちかわ》小学校は、自由な教育で全国に知られた学校でした。毎日の授業《じゅぎょう》の準備《じゅんび》のほかに、研究会や教育発表会などもたくさんありました。俊《とし》はつづり方の授業《じゅぎょう》をしたり、全校児童《じどう》の絵の教育の責任者《せきにんしゃ》になったりして、大いそがしでした。

そのころの絵の教育は、お手本のとおりに描《か》くことが多かったのです。けれども俊《とし》は、ひとりひとりの絵を見て、その子のよいところをほめて、のばしていくことを大切にしました。小学校の渡《わたり》先生や、女学校の戸坂《とさか》先生から教えられたことを、思い出していたのかもしれません。子どもたちは俊《とし》にほめられて、どんどん絵がうまくなり、千葉県《ちばけん》の図画大会で賞《しょう》をとりました。俊《とし》は仕事にやりがいを感じ、楽しい日が続《つづ》きました。けれども、がんばって仕事をすればするほど、自分の絵を描《か》く時間はなくなっていきました。画家になりたい俊《とし》にとって、それは何よりつらいことでした。夏休みに描《か》いた絵は、展覧会《てんらんかい》に落選《らくせん》してしまいました。

あるとき、俊《とし》は熊谷守一《くまがいもりかず》という、りっぱな画家の先生に、相談に行きました。

「わたしに絵の才能《さいのう》はありますか。」

俊《とし》はかかえていた油絵を、熊谷《くまがい》先生に見せました。しかし、仙人《せんにん》というあだ名をもつ熊谷《くまがい》先生は、大きなパイプでたばこをすってけむりをはきだし、長いひげをなでながら、俊《とし》を見つめて言うのでした。

「あなたは冬の木の芽《め》を見たことがありますか。どれが花になるか、わかりますか。」

俊《とし》は答えられませんでした。未来《みらい》がどうなるかは、だれにもわからないのです。自分に才能《さいのう》があるのかどうかも、自分ではわかりません。それなら、すべてをかけて画家になる努力《どりょく》をしてみよう。一日一枚《まい》絵を描《か》いて、千枚《まい》も描《か》きあげたら、何かがわかるかもしれない。

俊《とし》は思い切って、学校の先生をやめることにしました。絵の道一本で生きていく、と言い出した俊《とし》に、まわりの先生はおどろきました。

「仕事をやめて、どうするの。画家もいいけど、生活をどうするの。」

ずっとお姉さんのように世話をしてくれていた平野婦美子《ひらのふみこ》先生は、俊《とし》の気持ちが変《か》わらないことを知ると、担任《たんにん》のクラスの子どもの家庭教《きょう》師《し》の仕事を紹介《しょうかい》してくれました。その子のお父さんは、通訳《つうやく》の仕事でソビエト連邦共和国《れんぽうきょうわこく》（ソ連《れん》、いまのロシア）の首都モスクワへ行くことになっていたのです。遠い外国へ行くので、子どもの教育のために先生を連《つ》れていきたいと思っていたのでした。

「あなたは変《か》わり者だから、外国のくらしも大丈夫《だいじょうぶ》でしょう。もう少し先生の仕事が続《つづ》いたと思って、いってらっしゃいよ。」

好奇心《こうきしん》の強い俊《とし》は、気持ちを動かされました。油絵の勉強をするためには、ヨーロッパの文化を知ることは大切だと思ったのです。そのころ、日本で本物のヨーロッパの画家の油絵を見るチャンスは、ほとんどありませんでした。

一九三七（昭和《しょうわ》十二）年四月、俊《とし》は船に乗って、ユーラシア大陸《たいりく》へわたりました。大陸《たいりく》を東から西へ横断《おうだん》するシベリア鉄道に乗って、四人の子どもたちの家族といっしょに、モスクワへ旅立ちました。

三 外国への旅

日本をはなれて十五日目、シベリア鉄道に乗って十一日目。どの外の白樺《しらかば》の林をながめながら、列車にゆられ続《つづ》けて、とうとうモスクワに着きました。

俊《とし》は小学校五年生の女の子と、三年生の男の子、六歳《さい》の女の子、三歳《さい》の女の子の身のまわりの世話をしながら、勉強を教えました。子どもたちを連《つ》れて町を歩くこともありました。初《はじ》めて見る外国の町はめずらしく、俊《とし》は描《か》きたいものがたくさんありました。自由時間は、一日一時間。家の外へ出て、夢中《むちゅう》でスケッチをしました。路面電車や石だたみの道、クレムリン宮殿《きゅうでん》。新聞を読む人、売店でものを売る人、散歩《さんぽ》をする人。

スケッチを終えると、急いで家に帰ります。夜は子どもたちをねかせて、勉強の用意をしたり、ロシア語を学んだり、やることはたくさんありました。

日曜日は仕事がお休みです。俊《とし》は待ちきれずに美術館《びじゅつかん》へ通いました。ゴッホやゴーガンやセザンヌといった有名な画家の絵を見つけると、えんぴつで描《か》きうつしました。あとから色を思い出せるように、色の名前もこまかく書きこみました。

「ゴーガンはねばっこい。色はていねいに着実である。」

絵には感想も書きました。ひとりで南の島へ旅立ち、死ぬまでくらし続《つづ》けたゴーガンの絵には、とりわけ心をひかれました。北国生まれの俊《とし》には、いつか南の島に行ってみたいというあこがれがありました。

夏になると別荘地《べっそうち》へ行きました。川と森にかこまれた丸木小屋で過《す》ごすのです。午前中はベランダで子どもたちと勉強をして、午後は森へ出かけて野イチゴをつんだり、キノコを見つけたりしました。森には野外ステージがあり、週末《しゅうまつ》になるとモスクワから楽団《がくだん》がやって来て、演奏会《えんそうかい》を開きました。

そのころ、日本と中国の軍隊《ぐんたい》が戦《たたか》いをはじめた、というニュースが聞こえてきました。けれども俊《とし》のまわりは、まるで別世界《べっせかい》のようにおだやかでした。戦争《せんそう》はずっと遠くのできごとでした。

秋になると、モスクワへ帰りました。ロシアの冬は長くきびしく、マイナス二十五度や三十度になる日もありました。俊《とし》は部屋のなかでスケッチをして過《す》ごしました。

春になって、子どもたちのお父さんは、仕事を終えて日本に帰ることになりました。いつも元気ではつらつとしている俊《とし》は、まわりの日本人家族にも人気があり、このままモスクワに残《のこ》って家庭教師《きょうし》をしてほしい、とたのまれました。

モスクワにいれば、いつかパリに行けるかもしれない、と俊《とし》は思いました。フランスのパリは、芸術《げいじゅつ》の都《みやこ》。画家にとってあこがれの街《まち》です。モスクワとパリは地面がつながっているから、ずっと歩いていけばパリにたどりつくんだな、と夢《ゆめ》のようなことを考えました。

けれども、俊《とし》は日本へ帰ることを決めました。ちょうど一年間、モスクワで描《か》いたスケッチや小さな油絵は、トランクのなかにたまっていました。俊《とし》は、自分に画家としての力がついてきたことを感じていました。その成果《せいか》を、日本の展覧会《てんらんかい》でためしてみたいと思っていました。

東京《とうきょう》にもどった俊《とし》は、池袋《いけぶくろ》の近くにアトリエつきの小さな家を借《か》りました。画家や彫刻家《ちょうこくか》、詩人たちがくらす、芸術家《げいじゅつか》のアトリエ村です。小熊秀雄《おぐまひでお》という詩人は、そのアトリエ村を「池袋《いけぶくろ》モンパルナス」と呼《よ》びました。

モンパルナスは、パリの街《まち》はずれの地名です。芸術《げいじゅつ》の都《みやこ》をめざして集まってきた世界じゅうの芸術家《げいじゅつか》が、部屋代の安いモンパルナスでまずしい生活をしながら、いつか成功《せいこう》しようと夢《ゆめ》をかかえて、絵を描《か》いたり、詩や小説《しょうせつ》を書いたりしていたのです。

東京《とうきょう》も日本の芸術《げいじゅつ》の中心でした。地方から来て芸術家《げいじゅつか》をめざす若者《わかもの》は、やはり部屋代の安い池袋《いけぶくろ》に集まりました。俊《とし》のように北海道《ほっかいどう》から来た者、沖縄《おきなわ》から来た者、当時日本が支配《しはい》していた朝鮮《ちょうせん》半島から来た者も住んでいました。だからパリにならって「池袋《いけぶくろ》モンパルナス」というわけです。

アトリエは大きな板の間で、小さな台所と和室がついていました。これからは毎日絵を描《か》いて生きていくのだ、と思うと、俊《とし》の気持ちは引きしまりました。アトリエ村の近くには、熊谷《くまがい》先生も住んでいました。熊《くま》谷《がい》先生をしたって若《わか》い画家たちが家に集まり、デッサンの勉強会をしていました。俊《とし》もそのデッサン会に参加《さんか》して、絵の勉強にはげみました。

やがて俊《とし》は北海道《ほっかいどう》へ行き、白樺《しらかば》の林の絵を描《か》くことを決めました。川のほとりにある林の風景《ふうけい》を見て、なつかしいロシアを思い出したのです。その絵は、二科展《にかてん》という、俊《とし》が目ざしていた大きな展覧会《てんらんかい》に入選《にゅうせん》しました。うれしいニュースを、北海道《ほっかいどう》の新聞は、俊《とし》の顔写真とともに紹介《しょうかい》してくれました。ショートヘアのおしゃれな写真です。

俊《とし》は、まわりの友だちから「あなたは外国帰りなんだから、もっとおしゃれをしなくてはだめよ」と言われて、外国ふうの格好《かっこう》をするようになっていました。ぼろぼろの着物で村を歩いていた女の子が、いまではすっかり、モダンガールと呼《よ》ばれるような、新しいスタイルの芸術家《げいじゅつか》になったのです。

そのころ、俊《とし》に恋人《こいびと》ができました。有名な芸術家《げいじゅつか》の一族で、東京《とうきょう》生まれの画家でした。いっしょに展覧会《てんらんかい》を見にいったり、映画館《えいがかん》へ行ったり、絵を描《か》いたりしました。この人と結婚《けっこん》するかもしれない、と俊《とし》はひそかに考えていました。
ところが、その人は、同じ女子美術《びじゅつ》学校を出た、少し年下の、俊《とし》もよく知っているかわいい女の人と結婚《けっこん》することになったのです。その話を聞いたとき、俊《とし》はからだがふるえて、全身の血がこおってしまうのではないかと思いました。

心のいたみはいつまでも続《つづ》きました。何もかもわすれて、ゴーガンのように南の島へ行って絵を描《か》こう。俊《とし》は心に決めました。サイパンやパラオ、ヤップなどの太平洋の島々《しまじま》は「南洋諸島《しょとう》」や「南洋群島《ぐんとう》」と呼《よ》ばれて、日本に統治《とうち》されていました。資源《しげん》の少ない日本は、北の大陸《たいりく》や南の海へ領土《りょうど》を広げて、世界のなかで強くて大きな帝国《ていこく》になることをめざしていたのです。南の島へ移《うつ》り住む人たちも増《ふ》え続《つづ》け、島をまわる大きな船が、横浜《よこはま》の港から出ていました。

俊《とし》は絵を売って、南洋行きのお金をためました。失恋《しつれん》の話を聞いて、友だちも協力《きょうりょく》してくれました。絵の具をたくさん買って、キャンバスや画板も用意しました。もう二度と日本へは帰らず、南の島で絵を描《か》き続《つづ》けようと思ったのです。

いちばん安い船の切符《きっぷ》を買いました。船底《ふなぞこ》の部屋に下りていくと、いやなにおいがしました。南洋へ働《はたら》きに行く朝鮮《ちょうせん》や沖縄《おきなわ》出身の人たちが、よごれた床《ゆか》の上にねていました。若《わか》い女の人がひとりで入っていくには勇気《ゆうき》がいりました。でも心を決めた俊《とし》に、こわいものはありません。

船の旅がはじまると、俊《とし》は広い海をスケッチしました。船室で休んでいる朝鮮《ちょうせん》人の家族も描《か》きました。一週間ほど海の旅が続《つづ》き、船は南洋の中心地、パラオのコロール島へ着きました。

島に着いた次の日、俊《とし》はさっそく、南洋で十年ほどくらしている土方《ひじかた》久功《ひさかつ》という彫刻家《ちょうこくか》をたずねました。土方《ひじかた》はいっぷう変《か》わっていて、とてもやさしい人でした。南洋では日本人が島の人たちに日本語を教え、近代的《きんだいてき》な建物《たてもの》をたて、日本の生活のまねをするようにと言っていばっていましたが、土方《ひじかた》は、島の人たちと同じ生活して、くらしの様子を絵に描《か》いたり、木の板に彫《ほ》ったりしていました。島に伝《つた》わる神話やものがたりを聞きとって、言葉や文化の研究もしていました。

そんな土方《ひじかた》が島を案内《あんない》してくれたので、俊《とし》はたくさんのスケッチを描《か》くことができました。島の人たちに話しかけて仲良《なかよ》しになり、おぼえた言葉をスケッチに書きこみました。絵がたまると、土方《ひじかた》が手伝《てつだ》ってくれて、展覧会《てんらんかい》を開きました。

展覧会《てんらんかい》が終わると、土方《ひじかた》は、日本人のいないところへ行こう、と言って、カヤンゲルというパラオの北の果《は》ての島へつれて行ってくれました。そこには、かがやくような青い海と白い砂浜《すなはま》が広がっていました。俊《とし》はエセルとメカルというふたりの少女と、仲良《なかよ》しになりました。オトートル（ずんぐりした貝）というあだ名で呼《よ》ばれ、はだかになって腰《こし》みのをつけ、いっしょに歌をうたい、おどりました。

日本から遠くはなれた小さな島で、俊《とし》は人間にとってしあわせとは何だろう、と考えました。文明が進んでいるといわれる社会にくらす人たちが、心ゆたかに生きているとはかぎりません。むしろ、大むかしのままのくらしをしているような島の人たちの方が、ずっと生き生きしているように見えました。

カヤンゲル島の沖《おき》には、小さな無人島《むじんとう》がありました。海の水がひくと、歩いて島へわたれるのです。その島を五万円で買えると聞きました。俊《とし》は、島を買ってアトリエをたて、絵を描《か》きながらくらしたい、と思いました。長いひさしとベランダのあるアトリエです。まわりにはヤシの木がたくさんはえていて、ときどきヤシの葉をゆさぶるほどの大雨がふるのです。屋根にはアンテナをおいて、ラジオを流しましょう。世界ので

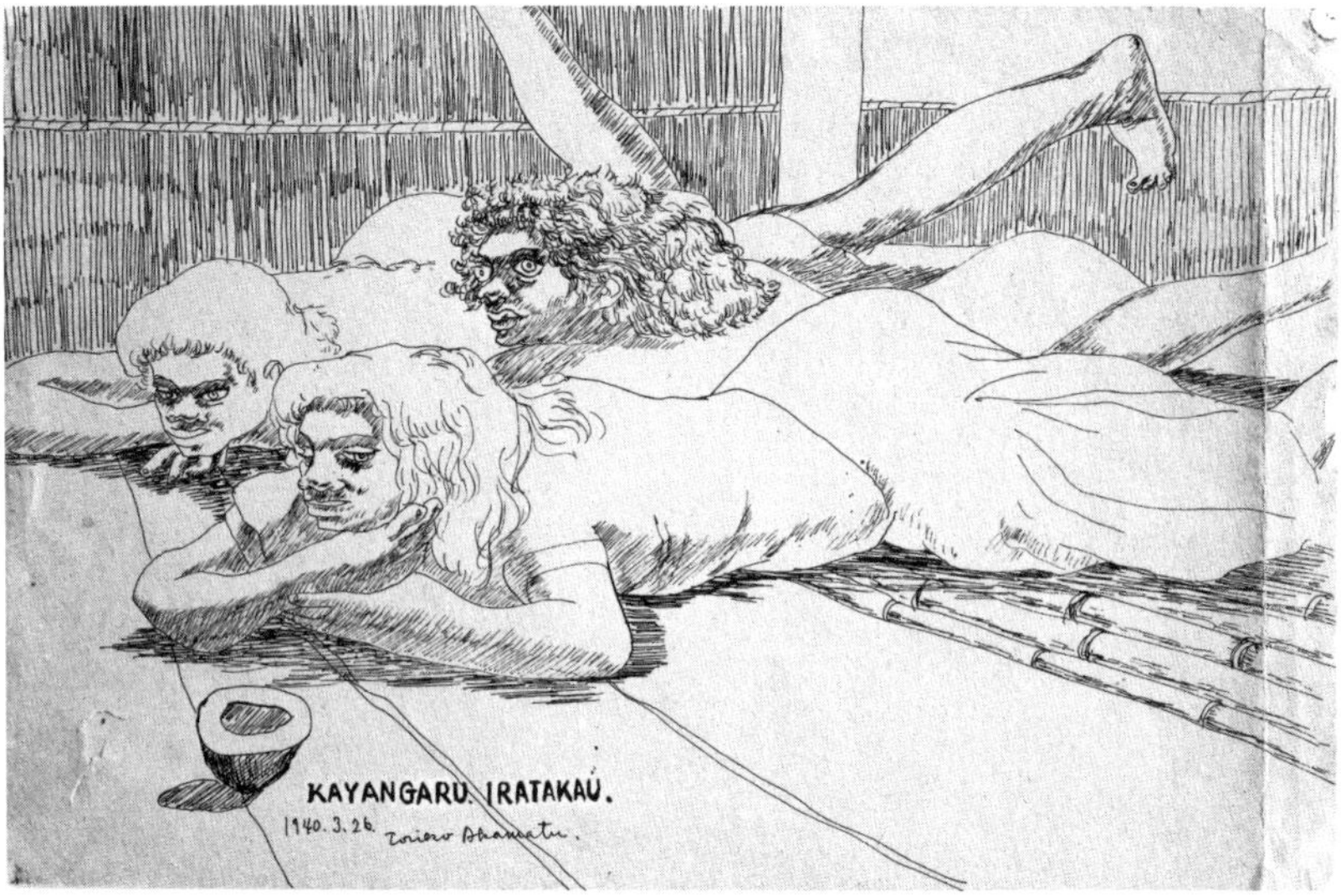

南洋スケッチより　1940年

絵本『ヤシノ木ノ下』
1942年　小学館《しょうがくかん》
(未使用《みしよう》の原画)

きごとがよくわかります。東京《とうきょう》でつかれた画家の友だちを呼《よ》びましょう。この島の空気をすって元気になるように、アトリエを開放するのです。夢《ゆめ》は広がっていきました。

まずは東京《とうきょう》で絵を売って、島を買う準備《じゅんび》をしよう、と俊《とし》は考えました。パラオのあとは同じ南洋群島《なんようぐんとう》のヤップ島にも行き、それから東京《とうきょう》へもどりました。

けれども、島を買う夢《ゆめ》は実現《じつげん》しなかったのです。俊《とし》が東京《とうきょう》へもどってしばらくすると、太平洋で日本とアメリカの戦争《せんそう》がはじまりました。やがて島の人たちも戦火《せんか》にまきこまれ、パラオの南の果《は》て、ペリリュー島で一万人以上《いじょう》の兵士《へいし》が死んでしまうはげしい戦《たたか》いがおこなわれることを、そのとき俊《とし》は、まったく想像《そうぞう》していませんでした。

四 位里《いり》との出会い

銀座《ぎんざ》の画廊《がろう》で、俊《とし》は南洋の絵の展覧会《てんらんかい》を開きました。友だちや知りあいが来て、小さな絵を買ってくれました。いくつかの雑誌《ざっし》から、絵や文章をかく仕事もたのまれました。けれども五万円は大金です。島を買うお金は、なかなかたまりそうもありませんでした。

そんなある日、俊《とし》のアトリエに、墨《すみ》で書かれた立派《りっぱ》な手紙がとどきました。差《さ》し出し人は、丸木位里《まるきいり》、とありました。

「展覧会《てんらんかい》を見ました。南洋の話をお聞きしたいものです。」

南洋へ行く前に、俊《とし》は銀座《ぎんざ》で丸木位里《まるきいり》の展覧会《てんらんかい》を見ていました。

それは初《はじ》めて見る不思議《ふしぎ》な絵でした。紙に墨《すみ》を流して、空気や水の動きをあらわしているような、はっきりとしたかたちのない絵なのです。

何を描《か》いているのか、わかりません。けれども力づよく、堂々《どうどう》としていました。俊《とし》は、この絵はすごい、と心から感動しました。ヨーロッパにこの展覧会《てんらんかい》を持っていきたい、と熱《あつ》い気持ちを伝《つた》える感想と名前を書き残《のこ》しました。位里《いり》は会場にいませんでしたが、俊《とし》の感想を見て、それからは展覧会《てんらんかい》の知らせをやりとりするようになっていたのです。

俊《とし》は、ぜひお話をしたい、と手紙を書きました。

ロシアで買った、ルバシカという、ゆったりした上着を着て、約束《やくそく》の時間に銀座《ぎんざ》のカフェへ行ってみると、和服を着てひげをはやした男の人が、顔の右側《みぎがわ》をかべに向けてすわっていました。

よく見ると、顔の右半分は、大きな黒いあざにおおわれていました。男性《だんせい》はそのあざを、うす暗い影《かげ》にかくすようにしていました。俊《とし》は、なるべくあざを見ないで話そうと決めました。

個展《こてん》会場での丸木位里《まるきいり》

男性《だんせい》は、やさしい声で、丸木位里《まるきいり》です、と名のりました。白いはだと黒い影《かげ》のあいだから、美しい目がキラキラとかがやいていました。

位里《いり》は広島《ひろしま》の生まれで、俊《とし》より十一歳《さい》も年上でした。若《わか》いころに東京《とうきょう》へ来て、有名な画家の会に入って日本画を学びましたが、人のまねをしたり、決まりごとにしばられたりするのがきらいなので、長く続《つづ》きませんでした。そのうちに、シュルレアリスムという、ヨーロッパの新しい芸術《げいじゅつ》に興味《きょうみ》をもち、同じ年ごろの画家たちと仲間《なかま》になって、研究会をするようになりました。見たものをそのまま描《か》くのではなく、さかさまにしたり、うらがえしたり、ちがうものを組みあわせたり、いままで当たり前と思われていた考えをひっくりかえすような、だれも見たことのない絵を描《か》くにはどうすればよいか、本気で考えていました。

そんな絵の話をしたり、俊《とし》が旅したロシアや南洋の話をしたりしているうちに、気がつくと長い時間がたっていきました。

そのころ、俊《とし》には、ふたたび家庭教師《きょうし》としてモスクワへ行ってほしいという仕事の話がありました。前にモスクワへ行ったときに仲良《なかよ》しになった、芸術《げいじゅつ》の好《す》きなふたりの女の子のいる家からたのまれたのです。

俊《とし》は少し迷《まよ》いましたが、島を買うお金はまだたりないし、もう一度モスクワへ行ってもよいと思って、やりましょう、と返事をしました。

そんなときに、位里《いり》と出会ってしまったのです。自由を大切にして、女の人にやさしい位里《いり》に、俊《とし》は心をひかれていました。銀座《ぎんざ》で会ってから、位里《いり》は、アトリエへ遊びに来るようになっていました。モスクワの仕事を決めたのは少し早かったかもしれない、と俊《とし》は思いました。

モスクワへ行く前に、俊《とし》は北海道《ほっかいどう》のお寺へあいさつに帰ることにしました。出発の日、上野駅《うえのえき》のホームに、位里《いり》があらわれました。リュックサックをせおっています。

「青森県《あおもりけん》の十和田湖《とわだこ》へ、写生に行こうと思う。」

位里《いり》はぼそりと言いました。ふたりは汽車に乗って北へ向かいました。列車のすみの方の席《せき》にすわり、俊《とし》はだまっていました。位里《いり》はひとりごとのように「いっしょに汽車に乗れてよかった」とつぶやきました。

俊《とし》は勇気《ゆうき》をふりしぼって、声を出しました。

「あなたには、悲しいと思う女の人がいるのではないですか。」

この人は、もう結婚《けっこん》しているにちがいないと、ずっと気になっていたのです。

「あります。」

位里《いり》は静《しず》かに答えました。

「だが、もう長いあいだ、愛《あい》がなくなっているのです。」

「本当でしょうか。」

「本当です。」

それからふたりは口をとじて、窓《まど》の外を見ていました。汽車を乗りかえるときが来ました。俊《とし》は、位里《いり》といっしょに十和田湖《とわだこ》へ向かいました。東京《とうきょう》にもどったあと、位里《いり》は展覧会《てんらんかい》に、夕焼《ゆうや》けに染《そ》まった真っ赤な湖の絵を出しました。位里《いり》にはめずらしい色の絵でした。そして「相思《そうし》」(たがいに思いあう)という詩を書いて、美術《びじゅつ》の仲間《なかま》たちの雑誌《ざっし》に発表しました。

秋も終わるころ、俊《とし》のアトリエに、女の人がたずねてきました。わたしは丸木位里《まるきいり》の妻《つま》です、とあいさつをしました。あわてる俊《とし》に、女の人は言いました。

「あなたにはかないません。位里《いり》をさしあげます。」

人の心の奥《おく》はわかりません。本当は、いかりと悲しみでいっぱいになっていたかもしれません。

けれども、ていねいに落ちついて話をする女の人を見て、俊《とし》は、もし自分だったら同じことができるだろうか、と考えていました。この人から、わたしは位里《いり》をうばってしまった。そう思うと、あやまったらいいのか、それとも、ありがとうと言えばいいのか、わかりませんでした。

一九四一（昭和《しょうわ》十六）年の初《はじ》め、俊《とし》はふたたび家庭教師《きょうし》として、モスクワへ行きました。三年ぶりのモスクワはなつかしく、人びとの生活も変《か》わっていないように見えました。俊《とし》は芸術家《げいじゅつか》として大切にされ、教え子の家族といっしょに劇場《げきじょう》へ行き、オペラやバレエ、人形劇《にんぎょうげき》などを楽しみました。しかし、前のように外へ出てスケッチを描《か》くことは少なくなりました。

世界には戦争《せんそう》の影《かげ》が近づいていました。日本は国際連盟《こくさいれんめい》を脱退《だったい》して、ドイツとイタリアの仲間《なかま》になっていました。ドイツの首相《しゅしょう》のヒトラーは、近いうちにソ連《れん》を攻撃《こうげき》するのではないかと言われていました。もしそうなったら、日本とソ連《れん》は敵《てき》になるかもしれません。

それなのに、日本から松岡洋右《まつおかようすけ》という大臣《だいじん》がモスクワへやってきて、ソ連《れん》の代表者のスターリンと会ったという話が聞こえてきました。日本とソ連《れん》は、お互《たが》いの国に攻《せ》めこまないという約束《やくそく》をしたのです。この約《や》束《そく》が本当に続《つづ》くのかどうか、だれにもわかりませんでした。

条約《じょうやく》の記念《きねん》パーティが開かれました。俊《とし》が家庭教師《きょうし》をしている女の子のお父さんは西春彦《にしはるひこ》といって、モスクワ公使《こうし》の仕事についていたので、俊《とし》も西公使《にしこうし》の家族といっしょに出席《しゅっせき》しました。近くの席《せき》には松岡大臣《まつおかだいじん》のすがたも見えました。お酒を飲んで大きな声で笑《わら》い、お前にはたくさんの金をやったではないか、とまわりの役人たちと話していました。

戦争《せんそう》になるかもしれない大事なことを、どうしていばった男の人だけで決めてしまうのでしょう。俊《とし》はひそかに思いました。女の人だってたくさんいるのに、話しあいには参加《さんか》できません。考えてみればおかしなことです。戦争《せんそう》やまずしさで苦しむ女の人を、俊《とし》は子どものころから見てきたのです。

パーティーが終わり、すっかりごきげんになった松岡大臣《まつおかだいじん》は、ひとりひとりの手をにぎってあいさつをしました。

「子どもたちの健全《けんぜん》な教育をたのみましたぞ。」

大臣《だいじん》は俊《とし》の手をにぎりながら、大きな声で言いました。男は国を動かす仕事をして、女は家庭や子どもの世話。そうした役割《やくわり》を、いつ、だれが決めたのでしょう。松岡大臣《まつおかだいじん》にとっての健全《けんぜん》な教育とは、なんでしょう。俊《とし》はふくざつな気持ちになって、手をひっこめたくなりました。

そんなことがあって一か月もたたないうちに、俊《とし》はあわただしく日本に帰ることになりました。西公使《にしこうし》は大使館で意見があわなくなり、仕事をやめることにしたのです。日本に帰ってすぐに、ドイツがソ連《れん》に攻《せ》めこんだ、というニュースが聞こえてきました。戦争《せんそう》が近づいている、と俊《とし》は、はっきり感じました。

東京《とうきょう》にもどった俊《とし》は、位里《いり》と結婚式《けっこんしき》をあげました。一九四一（昭和《しょうわ》十六）年、俊《とし》が二十九歳《さい》のときです。銀座《ぎんざ》で初《はじ》めて顔をあわせてから、まだ一年もたっていませんでした。位里《いり》はお金をかせぐ仕事をしないので、俊《とし》の借《か》りていたアトリエに、そのまま住むことになりました。

夏のあいだに、ふたりは広島《ひろしま》の位里《いり》の両親の家へあいさつに行きました。広島《ひろしま》の市内には太田川《おおたがわ》が流れていました。街《まち》の中心に近い相生橋《あいおいばし》は、ちょうど太田川《おおたがわ》がふたつに分かれているところで、英語《えいご》のTの字のように三つの方向に橋がかかっていました。近くには、チェコ人のヤン・レツルという建築家《けんちくか》が設計《せっけい》した、産業奨励館《さんぎょうしょうれいかん》というドーム型《がた》のりっぱな屋根の建物《たてもの》がありました。

「わたしは五年前、ここで気のあう仲間《なかま》たちと展覧会《てんらんかい》をしたのだよ。」

位里《いり》がなつかしそうに言いました。

三段峡《さんだんきょう》という、見事な景色《けしき》の滝《たき》や谷のある山道にも足をのばして、スケッチをしました。位里《いり》は若《わか》いころに、何回も三段峡《さんだんきょう》に来ていました。初《はじ》めてけわしい道や船でわたる淵《ふち》があって、探検《たんけん》の気分になるのです。広島県《ひろしまけん》の美術展《びじゅつてん》に入選《にゅうせん》したときも、ここで絵を描《か》いたのです。

位里《いり》といっしょにいながら、俊《とし》は少しずつ、位里《いり》の絵の描《か》き方を学んでいました。かわいた筆をこすりつけて、かすれた線を描《か》く表現《ひょうげん》や、水をたっぷりふくんだ墨《すみ》を紙にたらして、にじませながら思いもよらない表現《ひょうげん》を生み出す方法《ほうほう》も試《ため》しました。油絵の画家だからといって、油絵の描《か》き方だけを学べばよいわけではなく、日本や中国で生まれた絵の描《か》き方も身につけたい、と俊《とし》は考えていました。

「ヨーロッパの芸術《げいじゅつ》も、日本や中国にむかしからある水墨画《すいぼくが》も、めざしているものは、それほどちがうわけではないのだ。」

墨《すみ》を流しながら、位里《いり》は言いました。俊《とし》は南洋の人たちの絵を、位里《いり》のような方法《ほうほう》で描《か》いてみました。「日本画」なのか「洋画」なのか、区《く》別《べつ》のつかない絵になりました。でも、もともと絵にそんな区《く》別《べつ》があるのでしょうか。「日本画家」と「洋画家」に分かれて、それぞれの描《か》き方を学ぶだけでなく、同じ芸術家《げいじゅつか》として、いっしょに絵の仕事を学びあいたい。そう考えると、俊《とし》の心はわくわくしました。

しかし、楽しい時間は続《つづ》きませんでした。

「臨時《りんじ》ニュースを申し上げます。臨時《りんじ》ニュースを申し上げます。大本営《だいほんえい》陸海軍部《りくかいぐんぶ》、十二月八日午前六時発表。帝国陸海軍《ていこくりくかいぐん》は、本八日未明《みめい》、西太平洋においてアメリカ、イギリス軍《ぐん》と戦闘状態《せんとうじょうたい》に入れり……」

その年の十二月のことでした。ラジオから、アナウンサーの声が聞こえてきました。日本軍《ぐん》がマレー半島に上陸《じょうりく》してイギリス軍《ぐん》を攻《せ》め、ハワイの真珠湾《しんじゅわん》でもアメリカの戦艦《せんかん》や飛行機《ひこうき》を攻撃《こうげき》して、大きな戦争《せんそう》がはじまったのです。

五

新型爆弾《しんがたばくだん》

画家たちは、日本の軍隊《ぐんたい》が勇《いさ》ましく戦《たたか》っている絵や、敵《てき》に攻《せ》められてにげることのできなくなった住民《じゅうみん》がいさぎよく死んでいく絵を描《か》いて、展覧会《てんらんかい》に出しました。国民《こくみん》がみんなで戦《たたか》う気持ちになるように、芸術家《げいじゅつか》も協力《きょうりょく》しなくてはならない。そんな軍人《ぐんじん》たちの声が強くなって、展覧会《てんらんかい》がきびしく見はられるようになりました。もはや自由な絵を描《か》ける時代ではなくなっていました。俊《とし》にも、南洋へ行って戦争《せんそう》の絵を描《か》かないか、というさそいが来ましたが、病気のふりをして行きませんでした。

そのかわり、俊《とし》は子どもたちのために、絵本を描《か》く仕事をしました。南洋へ行った日本の子どもが島の子どもと仲良《なかよ》くなって日本の兵隊《へいたい》に助けられる話や、ヤシの実が海を旅して日本の軍艦《ぐんかん》にひろわれ、船をみがく材料《ざいりょう》になるという話の絵本です。

俊《とし》の描《か》く絵は、子どもたちに人気がありました。人を殺《ころ》す戦争《せんそう》の絵を描《か》くのはいやだけど、子どもたちに南洋のことを楽しく知ってもらうためなら、わたしも少しは役に立てるかもしれない、と俊《とし》は思いました。

戦争《せんそう》がはじまってしばらくは、日本軍《ぐん》が「勝った」というニュースが多かったのですが、だんだん戦争《せんそう》で死んだ人たちのことや、軍隊《ぐんたい》が別《べつ》の場所へ動いたことを知らせるニュースが多くなってきました。ラジオも新聞も「負けた」という言葉を使わないのです。それでも、どうもおかしい、日本軍《ぐん》は負けているのではないか、と多くの人が気づいていました。俊《とし》もこっそりアトリエ村の若者《わかもの》に「この戦争《せんそう》は負けるわよ」と言いました。

やがて東京《とうきょう》の空に、Ｂ29というアメリカの巨大《きょだい》な飛行機《ひこうき》が飛《と》んでくるようになりました。日本の飛行機《ひこうき》とはくらべものにならない大きさです。あちこちで空から爆弾《ばくだん》を落とされて、町が燃《も》えました。もう展覧会《てんらんかい》もできません。紙がたりなくなり、絵本の仕事もなくなっていきました。

俊《とし》は位里《いり》といっしょに荷車に絵をのせて運び、埼玉県《さいたまけん》の浦和《うらわ》に引《ひ》っ越《こ》すことにしました。浦和《うらわ》に移《うつ》ってすぐに、東京《とうきょう》に大きな空襲《くうしゅう》がありました。真っ赤に燃《も》えあがる東京《とうきょう》の夜空を、ふたりはいつまでもながめていました。どうしてこんなことが起きてしまったんだろう、と俊《とし》は思いました。日本はどこかで道をまちがえてしまったのでしょうか。

「わしは広島《ひろしま》へ帰りたい」と位里《いり》が言いました。

一九四五（昭和《しょうわ》二十）年七月の終わりのことです。すでにイタリアもドイツも戦争《せんそう》に負けて、日本の味方をする国はなくなっていました。

位里《いり》は東京駅《とうきょう》まで切符《きっぷ》を買いにいきました。長い列にならび、ようやく広島《ひろしま》行きの切符《きっぷ》を手に入れました。しかし汽車は、とちゅうの橋が爆《ばく》撃《げき》されて動かなくなっているというので、浦和《うらわ》に帰ってきました。

「お前も好《す》きなようにしなさい。北海道《ほっかいどう》へ帰るのもいいだろう。」

位里《いり》はそう言うのですが、いま別《わか》れてしまったら、そのまま死んでしまうかもしれない、と俊《とし》は心配でした。汽車はなかなか動かず、位里《いり》が広島《ひろしま》へ帰れないまま、八月六日がやってきました。

「広島《ひろしま》へ新型爆弾投下《しんがたばくだんとうか》　相当《そうとう》の被害《ひがい》あり。」

そのニュースが流れたのは、次の日の午後でした。位里《いり》のお父さんやお母さん、妹や弟の家族たちは、広島《ひろしま》でくらしていました。広島《ひろしま》の人たちはみんな死んでしまったらしいと聞いて、位里《いり》はがまんできなくなりました。汽車は広島《ひろしま》まで行くかどうかわかりません。それでも、少しでも広島《ひろしま》へ近づきたくて、列車に飛《と》び乗りました。

位里《いり》を見送ったあと、俊《とし》はひとりで浦和《うらわ》へ帰りましたが、とても落ちついていられません。やっぱりわたしも広島《ひろしま》へ行かなくては、と心を決め、あとを追って汽車に乗りました。

俊《とし》が知っている広島《ひろしま》は、お店や旅館やお寺がたくさんならぶ、とてもにぎやかな町でした。しかし、ようやくたどりついた広島《ひろしま》は、すっかり焼《や》け野原に変《か》わっていました。T字型《がた》の相生橋《あいおいばし》は、空の上からよく見えたので、新型爆弾《しんがたばくだん》を落とす目印《めじるし》になったのです。産業奨励館《さんぎょうしょうれいかん》のドーム屋根は、鉄の骨《ほね》だけになっていました。

位里《いり》の家は、相生橋《あいおいばし》から二キロメートルくらい北にはなれていたのですが、柱はななめにかたむき、かべの板もところどころなくなり、屋根はふきとび、窓《まど》もなくなっていました。お父さんは頭にけがをしていました。おじさんとふたりの姪《めい》は大やけどをして死んでしまいました。家のなかには、たくさんの人たちが逃《に》げこんでいました。ひどいにおいがして、ハエやウジもたくさんいました。死んだ人は家の外に運び出し、家族をさがしましたが、なかなか見つかりませんでした。

電気もなく、食べるものもありませんでした。近くの病院の畑からかぼちゃをとってきて、みんなでぞうすいにして食べると、はげしくおなかをこわしました。大けがをした親せきを荷車にのせて焼《や》けあとを歩くと、高い熱《ねつ》が出て、さらにおなかのいたみがひどくなりました。

新型爆弾《しんがたばくだん》が、原子爆弾《げんしばくだん》（原爆《げんばく》）という名前であることを、ほとんどの人は知りませんでした。そのかわりに、だれが言いだしたのか、ピカドン、というよび方が広がっていきました。とつぜん、空がピカッと光って、ドンというはげしい力がおそってきたから、ピカドンというよび方になったのです。

原爆《げんばく》は、すべての物のもとになる原子核《げんしかく》が分裂《ぶんれつ》したときに生まれるエネルギーを利用《りよう》した爆弾《ばくだん》で、それまでの爆弾《ばくだん》にくらべて、とても大きな力をもっていました。アメリカでは、科学者たちの研究によって、七月に実験《じっけん》が成功《せいこう》したばかりでした。広島《ひろしま》に落とされたのはウランという元《げん》素《そ》を材料《ざいりょう》にした爆弾《ばくだん》でした。八月九日にはプルトニウムという元素《げんそ》を使った爆弾《ばくだん》が長崎《ながさき》に落とされました。

空中で巨大《きょだい》な火の球がはげしく爆発《ばくはつ》し、ものすごい風の力で建物《たてもの》はこわれ、数千度の熱《ねつ》で焼《や》きつくされて、地上はまるで地獄《じごく》のようになりました。にげる間もなくからだを焼《や》かれて、黒こげになった人たちがたくさんいました。広島《ひろしま》ではその年のうちに、十四万人が死んだと言われていいます。長崎《ながさき》では七万人が死んだと言われています。どちらも、正確《せいかく》な数はわかりません。そのあとも、死んでいく人たちはたくさんいました。助けに来た人たちのなかにも、とつぜん血をはいてたおれ、死んでいく人がいました。原爆《げんばく》は、爆発《ばくはつ》したときの熱《ねつ》と衝撃《しょうげき》だけでなく、そのあとも長いあいだ、目に見えない、においもしない放射能《ほうしゃのう》を出す物質《ぶっしつ》が残《のこ》って、からだのなかの細胞《さいぼう》に被害《ひがい》をあたえることを、そのときはだれも知りませんでした。俊《とし》のからだも、気がつかないうちに被害《ひがい》を受けていたのです。

「広島《ひろしま》では七十五年は草も木もはえない、人も住めない」という、うわさが広がりました。それが本当かどうか、だれにもわかりませんでした。

いつでも絵を描《か》くことをわすれない俊《とし》は、くずれかけた家や、焼《や》け野原の風景《ふうけい》をえんぴつでスケッチしました。しかし、やけどをした人たちの絵は描《か》きませんでした。描《か》こうという気分になりませんでした。

九月になると台風がきて、川の水があふれ、たくさんの人が流されました。

「あんたたちは帰るところがあるんじゃけえ、東京《とうきょう》にもどりんさい。」

生き残《のこ》った家族に言われて、俊《とし》は位里《いり》といっしょに東京《とうきょう》へ帰ることにしました。位里《いり》のお父さんは、次の年の春に、からだのぐあいが悪くなって死んでしまったので、このときが最後《さいご》のお別《わか》れになりました。

日本は戦争《せんそう》に負け、軍隊《ぐんたい》は解散《かいさん》しました。アメリカをはじめ、戦争《せんそう》に勝った国の軍隊《ぐんたい》が次々《つぎつぎ》と日本に上陸《じょうりく》していました。

これから日本はどうなってしまうのだろう。そんな心配をしないわけではありませんでしたが、それより、もう戦争《せんそう》をしなくてもいい、と多くの人たちが安心していました。毎日、殺《ころ》されるのではないかとおびえなくてもよくなったのです。やりたいことをがまんしなくてはならない、つらい日々《ひび》は終わったのです。人びとは平和のありがたさを心から感じました。平和通り、平和アパート、平和橋など、町には平和という言葉があふれました。平和号という特急《とっきゅう》列車も走りました。

民主主義《みんしゅしゅぎ》という言葉も広がりました。一部の人が国のことを決めてしまうのではなく、みんなで話しあって決めていくことが大切だ、という考え方です。選挙《せんきょ》で政治家《せいじか》を選《えら》ぶことさえできなかった女の人も、男の人と同じように、選挙《せんきょ》に参加《さんか》できるようになりました。

そのころ、俊《とし》が発表した絵のひとつに、《解放《かいほう》され行く人間性《にんげんせい》》という題名の、大きな油絵があります。たくましいからだつきのはだかの女の人が、光のさす方を見つめ、花のさく大地をふみしめている力づよい絵です。それまで芸術《げいじゅつ》といえば、絵を描《か》くのは男の画家、はだかになってポーズをとるモデルは若《わか》い女の人、というのがひとつのパターンになっていました。しかし、俊《とし》は女の画家として、女の人もひとりの人間として生きることができる時代の絵を描《か》きたいと思ったのです。そして、南洋でのびやかな人間の生き方を知った俊《とし》にとって、はだかの人間は、何にもしばられない自由をあらわすものでした。

わかりやすい言葉で大切なことを話せる俊《とし》は、新聞や雑誌《ざっし》に絵や文章をかいたり、ラジオで話したり、新しい社会をつくるリーダーのひとり

『解放《かいほう》され行く人間性《にんげんせい》』 1947年 東京《とうきょう》国立近代美術館蔵《びじゅつかんぞう》

として、仕事がふえていきました。子どものための絵本もたくさん描《か》きました。

アトリエでは朝早くから、自由に参加《さんか》できるデッサン会をはじめました。絵は特別《とくべつ》な才能《さいのう》をもつ人だけではなく、大人も子どももだれでも描《か》ける、というのが俊《とし》の考えでした。

デッサン会に参加《さんか》して絵を学んでいた人のなかに、いわさきちひろ、という若《わか》い画家がいました。俊《とし》とちひろは絵本が好《す》きで、アンデルセンや宮沢賢治《みやざわけんじ》の童話のことを、いつも楽しく話していました。展覧会《てんらんかい》で発表する大きな絵だけでなく、絵本や紙しばいのための絵も、社会の役にたつすばらしい芸術《げいじゅつ》だと、ふたりは考えていました。

この人はすぐれた芸術家《げいじゅつか》になる、と気づいた俊《とし》は、一本の線を大切にしなさい、と教え、雑誌《ざっし》や新聞の絵の仕事を紹介《しょうかい》して応援《おうえん》しました。

やがて、ちひろは絵本作家として活躍《かつやく》するようになりました。

六　原爆《げんばく》を描《か》く

戦争《せんそう》が終わってしばらくすると、俊《とし》と位里《いり》は、新聞や雑誌《ざっし》に、原爆《げんばく》について伝《つた》える記事がないことを不思議《ふしぎ》に思いました。やけどをした人たちの写真も、なぜか目にすることがありませんでした。

人びとは新しい時代が来たことをよろこび、アメリカは自由を大切にする国だと思っていましたが、アメリカ軍《ぐん》はひそかに日本の情報《じょうほう》を集めて、原爆《げんばく》が人間にあたえたおそろしい被害《ひがい》の大きさを知られないように、きびしくとりしまっていたのです。

いそがしく仕事をしていた俊《とし》は、あるとき、急にからだがだるくなって、つかれやすく、思うように力が入らなくなりました。原爆《げんばく》のせいかもしれない、と思いあたりました。広島《ひろしま》で、やけどもしていないのに、たおれていった人たちがいたことを思い出して、こわくなりました。

「少し休んだ方がいい。あんたは仕事しすぎだ」と、位里《いり》は言いました。

東京《とうきょう》をはなれて、空気のきれいな神奈川県藤沢市《かながわけんふじさわし》の片瀬《かたせ》の山小屋に引っ越《こ》すことに決めました。仕事は少なくなりましたが、俊《とし》はゆっくり元気になっていきました。

そして、ある夏の雨の日の夜に、原爆《げんばく》を描《か》こう、と思いついたのです。

戦争《せんそう》が終わったからといって、すぐに明るく平和な時代が来るはずはありません。だれもが戦争《せんそう》の暗いかげをかかえて生きていました。

かつて日本に支配《しはい》されていた朝鮮《ちょうせん》半島は、北と南のふたつの国に分かれ、それぞれアメリカとソ連《れん》が後ろについて、新しい戦争《せんそう》がはじまろうとしていました。日本を占領《せんりょう》しているアメリカ軍《ぐん》も、「平和」や「反《はん》戦《せん》」という言葉をきびしくチェックして、戦争《せんそう》に反対する人たちが集まらないように、目を光らせていました。

これは自由とは言えない、と俊《とし》は思いました。広島《ひろしま》や長崎《ながさき》で起きたことを、なかったことにしてはいけない。それに、何があったのかをくりかえし思い出すことは、これからはじまろうとしている戦争《せんそう》を防《ふせ》ぐ力になる。芸術《げいじゅつ》は、そんな役割《やくわり》をはたせるのではないか。俊《とし》は位里《いり》と話しあいました。

とはいえ、想像《そうぞう》をこえるような原爆《げんばく》の現実《げんじつ》を、どのように描《か》いたらよいのでしょうか。焼《や》け野原やキノコ雲を描《か》いた絵や映画《えいが》は、すでにいくつか発表されていました。けれども、そこに人間が描《か》かれていないことが、俊《とし》は気に入りませんでした。わたしたちが原爆《げんばく》を描《か》くときは、人間を描《か》きたい。きずついた人たちのいたみを伝《つた》えたい。そう思った俊《とし》は、はだかになって鏡《かがみ》の前に立ちました。手を半分だけ前にあげて、ポーズをとってみました。それは、原爆《げんばく》によって生きながら焼《や》かれて、たれさがった皮ふを引きずりながら歩く人たちのすがたでした。生と死のあいだでさまよう幽霊《ゆうれい》のようでもありました。

死んだ人を描《か》くには、まず、自分が死んだ人のすがたになってみるのです。俊《とし》の想像力《そうぞうりょく》は広がりました。この女の人のおなかには、やがて生まれてくるはずの命があったのではないか。原爆《げんばく》は、母だけでなく、未《み》来《らい》の子どもの命もうばったのではないか。十万人をこえる命をうばった原爆《げんばく》に立ちむかうために、命を生み出す女の人から描《か》きはじめてみよう。それなら原爆《げんばく》を描《か》けるかもしれない、と気づいたとき、俊《とし》の気持ちは高まりました。

そのころ位里《いり》は、たたみ一枚《まい》の大きさの紙を八枚《まい》ならべて、たて一・八メートル、横七・二メートルの大きな絵を描《か》いていました。墨《すみ》で牛の群《む》れを描《か》いた絵です。山小屋はせまいので、一枚《まい》ずつかべにはって、つなげては描《か》き、つなげては描《か》き、最後《さいご》は展覧会《てんらんかい》の会場に展示《てんじ》してから、しあげました。大きく迫力《はくりょく》のある絵を見ながら、このやり方で、原爆《げんばく》の被害《ひがい》を受けた人間も描《か》けるのではないか、と位里《いり》は考えました。実物と同じくらいの大きさで横に広がった絵を描《か》けば、絵を見る人は、まるで広島《ひろしま》の焼《や》け野原に立っているような気分になるでしょう。

　このころ、民主的な芸術の方法として、学校や地域のサークル活動では、版画などでみんなでひとつの作品をつくる共同制作がはじまっていました。俊《とし》と位里《いり》も、原爆《げんばく》という大事なテーマはふたりでいっしょに描《か》こうと考えました。それぞれの得意《とくい》な方法《ほうほう》を生かして力をあわせれば、新しい絵が生まれるのではないか。原爆《げんばく》の悲しみを伝《つた》える絵は、何よりもまず、力づよく美しい芸術《げいじゅつ》でなくてはならない、と俊《とし》も位里《いり》も思いました。

　広島《ひろしま》から、位里《いり》のお母さんの丸木《まるき》スマがやってきました。スマは俊《とし》にすすめられて、子どものような絵を描《か》きはじめていました。犬や猫《ねこ》などの生きものや、草花や野菜など、命のかがやきが伝わってくるような、のびのびとした楽しい絵です。その絵を見ていると、みんなの心が明るくなるのです。

「むこうと同じように描《か》こう思うが、うまい具合にいかん。わしゃ、わしの好《す》きなようにやるより、しかたがない。」

スマは笑《わら》いながら絵を描《か》きました。

そして、スマは原爆《げんばく》のことをよくおぼえていました。八月六日の朝早く、夫婦《ふうふ》で広島《ひろしま》の町の中心まで荷車を引いていき、空襲《くうしゅう》のときに逃《に》げられる空き地をつくるためにこわされた建物《たてもの》の木材《もくざい》を、家に運んで帰ってきたところで原爆《げんばく》にあったのです。そのとき家のなかにいたスマは、くずれた家からにげ出して川へ行き、やけどをした人たちが歩いてくるのを見ていました。

俊《とし》と位里《いり》が原爆《げんばく》を描《か》こうとしていると知ったスマは、きずついた人た

原爆《げんばく》の図の制作風景《せいさくふうけい》
映画《えいが》「原爆《げんばく》の図」（1953年公開　青山通春《あおやまみちはる》、今井正監督《いまいただしかんとく》）より

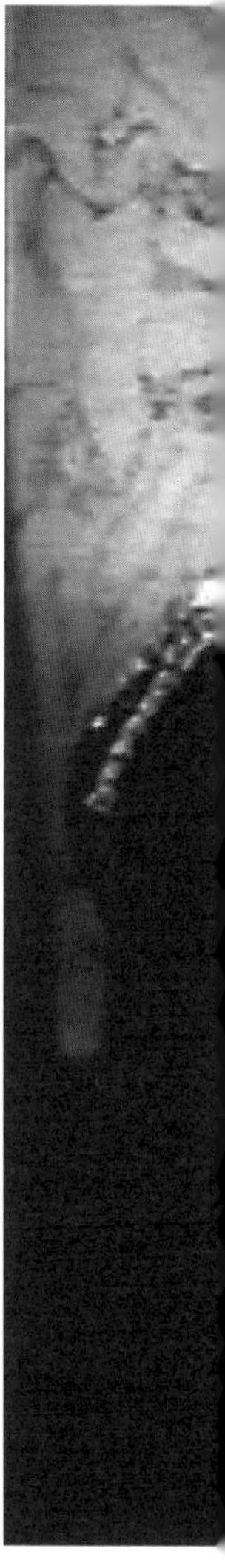

ちのすがたを思い出して、ふたりに話して聞かせました。

「地震《じしん》や山くずれたあ、ちがう。ピカは人が落とさにゃ、落ちてこん。」

そんなスマの言葉にもはげまされて、俊《とし》はくる日もくる日も、人を描《か》きました。

人。人。人。

それは幽霊《ゆうれい》の行列でした。


一九五〇（昭和《しょうわ》二十五）年二月、東京《とうきょう》の上野公園《うえのこうえん》にある東京都美術館《とうきょうとびじゅつかん》で「原爆《げんばく》の図」は初《はじ》めて展示《てんじ》されました。日本アンデパンダン展《てん》という、だれでも自由に参加《さんか》できる展覧会《てんらんかい》でした。

画家の仲間《なかま》たちからは「アメリカ軍《ぐん》に展覧会《てんらんかい》をつぶされたらたいへん

なので、原爆《げんばく》の図ではなく、ほかの題名をかんがえてほしい」と言われ、「八月六日」という題名にして発表しました。

それでも、もちろん絵を見る人は、原爆《げんばく》の絵だとわかります。展覧会《てんらんかい》がはじまると、大ぜいの人たちが絵の前に集まりました。

「この絵は大げさに描《か》いたのではないか」という人もいました。

「大げさではありません。わたしは広島《ひろしま》の者ですが、じっさいはこんなものではありませんでした。」

お客さんのなかから、ひとりのおじいさんが声をあげました。

「この絵は、だれが描《か》いたのですか。」

おじいさんが聞いたので、俊《とし》は、わたしたちです、と答えました。

「この絵から、わたしの孫《まご》やむすめが出てきそうな気がします。でも、これで原爆《げんばく》を描《か》きあげたと思われてはこまります。もっともっと描《か》いてください。あなたたちは、自分が描《か》いたから自分たちの絵と思っているかもしれませんが、これはわたしたちの絵です。」

おじいさんは、大切な家族を原爆《げんばく》で亡《な》くしていたのです。俊《とし》は頭をさげました。そして、続《つづ》きを描《か》かなければならない、と位里《いり》に話しました。位里《いり》も賛成《さんせい》して、ふたたびアトリエで共同制作《きょうどうせいさく》がはじまりました。

モデルの若者《わかもの》が服をぬいでポーズをとります。俊《とし》はそのすがたを見ながら床《ゆか》に広げた紙に線を描《か》いていきます。位里《いり》はじっと見つめていますが、やがて筆を持ち、俊《とし》が描《か》いた人物の上に近づくと、墨《すみ》を流します。水をたっぷりふくんだ墨《すみ》はじわじわと広がって、俊《とし》の線を消していきます。せっかく描《か》いたのに、と俊《とし》は悲しくなるのですが、時間がたって墨《すみ》がかわいてくると、くらやみのなかから、うっすらと人間がうかびあがってくるのです。その迫力《はくりょく》に息をのみ、しかし、俊《とし》は位里《いり》の墨《すみ》の強さに負けまいと、もう一度力をこめて線をひきます。すると、位里《いり》はだまったまま、また墨《すみ》を流すのでした。

原爆《げんばく》の図　第1部《幽霊《ゆうれい》》（部分）1950年

おたがい、相手の得意《とくい》な表現《ひょうげん》に、自分の得意《とくい》な表現《ひょうげん》をぶつけていきました。ひとりで描《か》く絵とちがって、ふたりで描《か》く絵は思いどおりにはなりません。けれども、だからこそ、あらかじめ決まっている結果《けっか》ではなく、予想のできないところまで、絵は進んでいくのです。思いどおりにいかないことを理解《りかい》しあいながら、ふたりの芸術家《げいじゅつか》が、それぞれの力を見せあい、たたかうように描《か》く毎日が続《つづ》きました。

心配していたアメリカ軍《ぐん》のとりしまりも、少なくとも絵の展示《てんじ》については、おそれていたほどきびしくなさそうだったので、俊《とし》と位里《いり》は勇気《ゆうき》を出して「原爆《げんばく》の図」という題名をつかうことにしました。

第一部には《幽霊《ゆうれい》》と名づけました。

第二部は《火》、第三部は《水》と名づけました。

やけどしたからだをひきずりながら、幽霊《ゆうれい》のように歩く人たちの絵。あっというまに炎《ほのお》につつまれ、もえていった人たちの絵。水をもとめて川へにげこみ、死んでいった人たちの絵。三部作は原爆《げんばく》投下から五年目の夏に、東京《とうきょう》のデパートと画廊《がろう》で発表しました。

朝鮮《ちょうせん》半島では、いよいよ戦争《せんそう》がはじまりました。日本につくられたアメリカ軍《ぐん》の基地《きち》からも、巨大《きょだい》なB29が次々《つぎつぎ》と飛《と》んでいきました。どうすれば、いまの戦争《せんそう》に立ちむかうことができるだろうか、と考えていた人たちにとって、「原爆《げんばく》の図」は大きなはげましになりました。

「全国をまわって、この絵を展示《てんじ》しませんか。」

ふたりのもとに、そんな声がとどきました。

「原爆《げんばく》の図を持って、旅に出よう」と位里《いり》が言いました。

「広島《ひろしま》で表具屋《ひょうぐや》をしている弟にたのんで、掛《か》け軸《じく》にしてもらおう。掛《か》け軸《じく》なら軽いし、まいてしまえば、持ち歩くのもかんたんだ。もしもあぶなくなったときには、すぐにかくすことだってできる。」

「原爆《げんばく》の図」の長い旅が、はじまろうとしていました。

七　旅する絵画

　ところが広島《ひろしま》へ行ってみると、広島《ひろしま》の人たちは、原爆《げんばく》のことは思い出したくない、一日も早くわすれたい、と考えていて、「原爆《げんばく》の図」はあまりよろこばれませんでした。

「あんな絵は見とうない。展覧会《てんらんかい》をやらんでくれ。」

　位里《いり》の妹の大道《だいどう》あやも、おこったように言いました。

　描《か》かなければいけないと思って描《か》いた「原爆《げんばく》の図」が、広島《ひろしま》の人を悲しませてはいけない。位里《いり》は少しがっかりしたようでした。

「わたしたちが展覧会《てんらんかい》を手伝《てつだ》いましょう。」

　そう言って、たすけてくれたのは、峠三吉《とうげさんきち》という詩人でした。「われらの詩《うた》の会」という詩人の会のリーダーで、若《わか》い仲間《なかま》たちと原爆《げんばく》や戦争《せんそう》の詩を書いていました。

焼《や》け残《のこ》った産業奨励館《さんぎょうしょうれいかん》は「原爆《げんばく》ドーム」とよばれるようになっていました。そのとなりに、五流荘《ごりゅうそう》という、体育館のような大きい建物《たてもの》がたっていました。そこに「原爆《げんばく》の図」をならべて、展覧会《てんらんかい》を開くことにしました。

俊《とし》と位里《いり》にとって、「われらの詩《うた》の会」の支《ささ》えは心づよいものでした。「この会から、本当のものが生まれそうな気がする」と、俊《とし》はうれしくなって会の仲間《なかま》たちに伝《つた》えました。じっさい、その通りになったのです。

峠《とうげ》は翌年《よくねん》、「ちちをかえせ　ははをかえせ」というはじまりで知られる『原爆《げんばく》詩集』を出版《しゅっぱん》しました。詩集は今もたくさんの人に読まれています。このとき「原爆《げんばく》の図」の前で、初《はじ》めて発表された林幸子《はやしさちこ》の詩「ヒロシマの空」も長く読みつがれ、俳優《はいゆう》の吉永小百合《よしながさゆり》の朗読《ろうどく》で知られるようになりました。俊《とし》と絵の話をして感動していた四國五郎《しこくごろう》という画家は、のちに原爆《げんばく》の絵本『おこりじぞう』の絵を描《か》きました。

この広島《ひろしま》の展覧会《てんらんかい》を本格的《ほんかくてき》なはじまりとして、「原爆《げんばく》の図」は北海道《ほっかいどう》から九州《きゅうしゅう》まで、日本じゅうを旅していくことになりました。

大きな街《まち》だけでなく、小さな町や村もまわりました。デパートや学校、公民館《こうみんかん》、お寺や教会、駅、劇場《げきじょう》、映画館《えいがかん》など、展示《てんじ》できそうな広い場所があれば、どこでも絵を広げました。俊《とし》は絵の前に立って、原爆《げんばく》について話をしました。会場に広島《ひろしま》や長崎《ながさき》で原爆《げんばく》を体験《たいけん》した人が来て、やけどのあとを見せながら、いっしょに話してくれたこともありました。展覧《てんらん》会《かい》には、しだいに大ぜいの人が集まるようになりました。

「このややこが、焼《や》けて死んだんやで。」

大阪《おおさか》では、お母さんが画面に描《か》かれた赤ちゃんをなでながら、子どもに話していました。絵にさわらないでください、と言いかけて、俊《とし》は言葉をのみこみました。こんなふうに絵をなでてもらえるのは、画家としてしあわせなことではないでしょうか。「原爆《げんばく》の図」はみんなの絵なのだ、と感じました。みんなに見てもらって絵がボロボロになったら、そのときは直せばよい。俊《とし》はそう思って、お母さんと子どもたちが話をしながら絵を見ている様子を、じっと見守っていました。

　京都《きょうと》では大学生が、自分たちが専門的《せんもんてき》に勉強しているさまざまな分野の研究をもとに、原爆《げんばく》についてのパネルをつくって展示《てんじ》しました。その会場の入口に「原爆《げんばく》の図」をならべて、絵の前で原爆《げんばく》の詩を朗読《ろうどく》したり、原爆《げんばく》の体験《たいけん》を話したりしました。学生たちは町を歩きまわって宣伝《せんでん》し、展覧会《てんらんかい》は大成功《だいせいこう》となりました。うわさは全国に広がり、各地《かくち》の大学生は、自分たちも原爆展《げんばくてん》をやりたい、と計画しました。北海道《ほっかいどう》や東京《とうきょう》、愛知《あいち》、山口《やまぐち》……そのたびに「原爆《げんばく》の図」は展示《てんじ》され、俊《とし》と位里《いり》はますますいそがしくなりました。

もちろん、よいことばかりではありませんでした。北海道《ほっかいどう》では、「こんなひどい爆弾《ばくだん》を落とすなんて、アメリカの民主主義《みんしゅしゅぎ》をうたがってしまう」という感想文を会場にはったという理由で、展覧会《てんらんかい》の代表者が逮捕《たいほ》されてしまう事件《じけん》が起きました。「原爆《げんばく》の図」の作者もつかまるかもしれない、といううわさが聞こえてきました。俊《とし》は心配しながら「原爆《げんばく》の図」を持って次の会場のデパートへ行きましたが、待っていた社長は大よろこびでした。

「あなたたちの展覧会《てんらんかい》がニュースになれば、たくさんの人が来ます。そうすると、わたしたちはもうかるのですよ。」

俊《とし》はおどろいて、思わず笑《わら》ってしまいました。

見てはいけない、と言われると、人は見たくなるものです。見せなくてはいけない、という気持ちも強くなります。そのデパートでは、たくさんの人が入りすぎて、会場の床《ゆか》がぬけそうになり、いったん入場をとめなければならないほど大ぜいの人が集まりました。

そのうちに、俊《とし》と位里《いり》は「原爆《げんばく》の図」の続《つづ》きを描《か》くため藤沢《ふじさわ》に残り、アトリエに集まる若者《わかもの》が、代わりに展覧会《てんらんかい》の旅に出ることになりました。

「まだ絵が展示《てんじ》されていない町をまわってきますよ。」

若者《わかもの》たちは元気よく言って、旅立ちました。ひとりは背《せ》の高い、もの静《しず》かな画家の野々下徹《ののしたとおる》、もうひとりは頭の回転がはやく、話のじょうずな詩人のヨシダ・ヨシエというコンビでした。

ふたりは汽車に乗って、知らない町の駅におりました。まずは駅前の店でお酒を飲みながら、町の情報《じょうほう》を聞きだします。そして、展覧会《てんらんかい》に協力《きょうりょく》してくれそうな人たちがいることがわかると、ヨシダが出かけていって話を決めます。野々下《ののした》はポスターやチラシを描《か》き、「原爆《げんばく》の図」を広げて、かべにかざりました。わずかな時間で準備《じゅんび》をととのえて展覧会《てんらんかい》がはじまると、ヨシダが絵の前に立って、大きな身ぶりで人びとに原爆《げんばく》の話をします。展覧会《てんらんかい》は数日間。警官《けいかん》やアメリカ兵《へい》に見つかる前に「原爆《げんばく》の図」をまるめて、さっさと次の町へ移動《いどう》するのです。小倉《こくら》、若松《わかまつ》、博多《はかた》、直方《のおがた》、佐賀《さが》、佐世保《させぼ》、久留米《くるめ》、大牟田《おおむた》、熊本《くまもと》、延岡《のべおか》、大分《おおいた》、飯塚《いいづか》……若者《わかもの》たちにとって「原爆《げんばく》の図」の旅は、わすれられないほどスリルにあふれた冒険《ぼうけん》旅行だったでしょう。ヨシダはやがて、りっぱな美術評《びじゅつひょう》論家《ろんか》になりましたが、この話をするときはいつも楽しそうでした。

俊《とし》は急に外国へ行くことになりました。「原爆《げんばく》の図」が世界平和文化《ぶんか》賞《しょう》という新しくできたばかりの大きな賞《しょう》に選《えら》ばれたのです。

一九五三（昭和《しょうわ》二十八）年六月、俊《とし》は「原爆《げんばく》の図」三部作を持って飛《ひ》行機《こうき》に乗りました。初《はじ》めにデンマークで世界じゅうの女の人たちが集まる会議《かいぎ》に参加《さんか》したあと、ハンガリーの首都ブダペストへ向かいました。

ブダペストでは世界平和文化賞《ぶんかしょう》の表彰《ひょうしょう》がおこなわれ、国立美術館《びじゅつかん》で「原爆《げんばく》の図」の展覧会《てんらんかい》が開かれました。外国で初《はじ》めての「原爆《げんばく》の図」の展示《てんじ》です。俊《とし》は世界じゅうの人に「原爆《げんばく》の図」を見てもらい、原爆《げんばく》のおそろしさを知ってもらいたいと思いました。けれども、いつまでも外国を旅行しているわけにはいきません。日本で留守番《るすばん》をしていた位里《いり》からは「早く帰ってきなさい」と何度も手紙がとどきました。

中国の北京《ペキン》、ルーマニアのブカレスト、デンマークのコペンハーゲンと、いくつかの町で展覧会《てんらんかい》を開いたあと、俊《とし》は仲良《なかよ》しになったデンマークの友人に「原爆《げんばく》の図」をあずけて、日本に帰ることにしました。「原《げん》爆《ばく》の図」は作者の手をはなれて、世界を旅することになったのです。

アメリカが日本に原爆《げんばく》を落とした理由のひとつは、圧倒的《あっとうてき》な力を見せつけて、第二次世界大戦《たいせん》が終わったあと、世界のリーダーになろうと考えていたためでした。一方、アメリカと力であらそい、世界のリーダーをねらう、もうひとつの大国のソ連《れん》も、すぐに原爆《げんばく》の開発に成功《せいこう》しました。それを知ったアメリカは、原爆《げんばく》よりさらに強力な水素爆弾《すいそばくだん》（水爆《すいばく》）の実験《じっけん》をはじめたのです。核兵器《かくへいき》という、おそろしい力のもとに、世界は大きく分けられようとしていました。世界じゅうの人たちにとって、日本に落とされた原爆《げんばく》は、決して他人ごとではなく、自分たちの未来《みらい》にもかかわる問題になっていたのです。

デンマークやイギリス、オランダ、イタリアなど、ヨーロッパの各地《かくち》で次々《つぎつぎ》と展覧会《てんらんかい》が開かれました。そのたびに、たくさんの人たちの感想や新聞記事が、日本に帰った俊《とし》のもとへ送られてきました。

太平洋のビキニ環礁《かんしょう》でアメリカ軍《ぐん》が水爆《すいばく》の実験《じっけん》をおこなって、第五福《だいごふく》竜丸《りゅうまる》という日本のマグロ漁船《ぎょせん》が「死の灰《はい》」をあびた、というニュースが広がったのは、一九五四（昭和《しょうわ》二十九）年三月のことでした。爆発《ばくはつ》によってこなごなになったサンゴが、放射能《ほうしゃのう》にまみれながら空にふきあげられ、「死の灰《はい》」となって海や島にふってきたのです。

マグロ漁《りょう》をしていた第五福竜丸《だいごふくりゅうまる》の二十三人の乗組員は、西から太陽がのぼったような強い光を見たあとで、空から白い灰《はい》がふってきたことにおどろきました。初《はじ》めは雪のようだと思い、そのまま漁《りょう》を続《つづ》けて、全身に灰《はい》をかぶりました。

静岡県《しずおかけん》の焼津《やいづ》の港に帰った乗組員は、からだじゅうにやけどをしていました。かみの毛がぬけ、頭のいたみや目まいなどをうったえて、病院に入院しました。そして半年後の九月に、無線長《むせんちょう》の久保山愛吉《くぼやまあいきち》が死んでしまったのです。

せっかくとったマグロはすべてすてられました。あちこちで放射能《ほうしゃのう》をふくんだ雨がふっているという報告《ほうこく》がありました。俊《とし》は、いまも核兵器《かくへいき》の実験《じっけん》がおこなわれ、あらたな被害者《ひがいしゃ》が出たことに、とてもくやしい気持ちになりました。

俊《とし》と位里《いり》は「原爆《げんばく》の図」に、原爆《げんばく》の落ちたあと、広島《ひろしま》に助けに入った人たちを描《か》きました。この人たちも、放射能《ほうしゃのう》に苦しめられたのです。そこには、自分たちのすがたも描《か》きました。第八部の《救出《きゅうしゅつ》》です。

「原爆《げんばく》の図には、広島《ひろしま》だけでなく、いまの問題も描《か》きましょう。放射能《ほうしゃのう》に苦しめられたのは、原爆《げんばく》を落とされた人も、水爆《すいばく》の実験《じっけん》にまきこまれた人もいっしょです。」

俊《とし》は、きびしい目で正面を見つめ、船の帰りをまつ漁師《りょうし》の家族たちの絵を描《か》きました。原爆《げんばく》や水爆《すいばく》に反対するために、日本じゅうに広がった署名《しょめい》運動の絵も描《か》きました。第九部の《焼津《やいづ》》と第十部の《署名《しょめい》》です。

描《か》き続《つづ》けてきた「原爆《げんばく》の図」は、とうとう十部作になりました。

ヨーロッパをまわっていた三部作と残《のこ》りの七部をまとめて、本格的《ほんかくてき》に世界じゅうで展示《てんじ》をする「原爆《げんばく》の図」の世界巡回《じゅんかい》をはじめよう、という

愛知原爆展《あいちげんばくてん》ポスター
1952 年

仙台原爆《せんだいげんばく》の図展《てん》のようすのスケッチ　1951 年

計画が、ヨーロッパの美術館《びじゅつかん》の館長や評論家《ひょうろんか》を中心に立ちあがりました。世界から核兵器《かくへいき》をなくすために、芸術家《げいじゅつか》として力をつくしたい。俊《とし》ははりきっていました。

たくさんの人たちが、世界巡回展《じゅんかいてん》のために応援《おうえん》してくれました。そのころ、俊《とし》と位里《いり》は、片瀬《かたせ》の山小屋から、東京《とうきょう》の練馬区《ねりまく》に移《うつ》り住んでいました。ふたりが世界巡回《じゅんかい》の旅をするあいだ、家には留守番《るすばん》として、位里《いり》のお母さんのスマがくらすことになりました。

「わしゃ心配いらんよ。元気で行ってきんさい。」

スマの笑顔《えがお》に見送られて、俊《とし》と位里《いり》は海をわたりました。

八　美術館《びじゅつかん》をつくる

「原爆《げんばく》の図」の世界巡回展《じゅんかいてん》は、東アジアからヨーロッパへわたり、アフリカをまわって、オーストラリア、ニュージーランドなど、十年近くのあいだに二十か国ほどをまわりました。

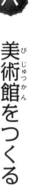

これほど多くの国をまわり、たくさんの町や村で展示《てんじ》された絵は、ほかになかなかないでしょう。「原爆《げんばく》の図」を見て、初《はじ》めて原爆《げんばく》のおそろしさを知った、という人は世界じゅうに大ぜいいます。

けれども、この世界巡回《じゅんかい》は、俊《とし》と位里《いり》にとって、決してよい思い出にはなりませんでした。ふたりがヨーロッパへ行っているあいだに、東京《とうきょう》の家では、スマが知りあいの若者《わかもの》に殺《ころ》されてしまうという事件《じけん》が起きたのです。いったいなぜそんなことが起きたのか、くわしい理由はわかりません。その若者《わかもの》も、三日後には自殺《じさつ》してしまいました。位里《いり》はドイツで知らせを聞いて、すぐに日本へ帰りました。俊《とし》も「原爆《げんばく》の図」をあずける準備《じゅんび》をととのえてから、日本へ帰りました。

位里《いり》はとても悲しんでいました。「原爆《げんばく》の図」を描《か》いたから、こんなことが起きてしまったのではないか、描《か》かなければよかったのではないかと、いつまでも落ちこんでいました。

俊《とし》は、位里《いり》と結婚《けっこん》してからも、ずっともとの名字をつかい、赤松俊子《あかまつとしこ》という名前で絵を発表していましたが、大好《だいす》きだったスマから「女絵《おんなえ》描《か》きの名前をもらおう」と決めて、丸木《まるき》の名字を名のることにしました。初《はじ》めは丸木俊子《まるきとしこ》、やがて丸木俊《まるきとし》という名前にしたのです。

つらいことは続《つづ》きました。日本じゅうでさかんになった原水爆《げんすいばく》に反対する運動は、核兵器《かくへいき》を持ち続《つづ》ける国や、これから核兵器《かくへいき》を持とうとする国の、ふくざつな政治《せいじ》のかけひきもかかわりながら、だんだん仲間《なかま》たちの意見があわなくなって、ついに、ふたつに分かれてしまったのです。「原爆《げんばく》の図」は、最後《さいご》に巡回《じゅんかい》していたソ連《れん》から、ひっそりと日本へ送りかえされてきました。もう、だれかに絵をあずけるのはやめましょう。「原爆《げんばく》の図」があらそいのもとになってしまってはいけない。俊《とし》と位里《いり》は、絵を箱にしまいました。また巡回展《じゅんかいてん》をやりませんか、とたずねてくる人がいても、おことわりしました。

しかし、いつまでも絵をしまったままにしておくわけにはいきません。俊《とし》と位里《いり》は、むかしのことを思い出していました。新潟《にいがた》の十日町《とおかまち》で展覧会《てんらんかい》を開いたときだったでしょうか。「巡回展《じゅんかいてん》が終わったら、原爆《げんばく》の図はどうするのですか。」絵の前で、聞かれたことがありました。

「あちこち展覧会《てんらんかい》をして、絵がボロボロになるころには、原爆《げんばく》も水爆《すいばく》もなくなっているでしょう。そのときには、絵を焼《や》いてしまってもいいのです。」

そう答えると、まわりの人たちはおどろきました。

「とんでもない、美術館《びじゅつかん》をつくって、いつまでも大切に残《のこ》さなければいけませんよ。」

そのうちに、白井晟一《しらいせいいち》という建築家《けんちくか》が、「原爆《げんばく》の図」をおさめるための原爆堂《げんばくどう》というすばらしい建物《たてもの》を考えた、と友だちが教えてくれました。俊《とし》は、原爆《げんばく》や戦争《せんそう》に反対する世界じゅうの芸術家《げいじゅつか》の絵や彫刻《ちょうこく》を集めて、詩や小説《しょうせつ》を読める図書館もあって、演劇《えんげき》のできる場所になったら、どんなによいだろうと考えました。広島市《ひろしまし》が土地を用意してくれるという話もありました。けれども、いざとなると話はなかなか進まず、実現《じつげん》はしませんでした。

「お金はかけなくてもいいんだ。小さな小屋でもいい。原爆《げんばく》の図を、だれでも見たいと思ったときに、見られる場所ができればいい。」

位里《いり》は、そのための土地をさがそう、と考えました。位里《いり》の友だちの岩崎巴人《いわさきはじん》という画家が、千葉県《ちばけん》の松戸市《まつどし》にいいところがある、と教えてくれました。ふたりは松戸《まつど》に引っ越《こ》しました。

松戸《まつど》では、家の近くに、縄文《じょうもん》時代の村の遺跡《いせき》が見つかりました。そこに団地《だんち》をつくる計画があるというので、俊《とし》は調査《ちょうさ》の仲間《なかま》に入って、遺跡《いせき》をそのまま公園にして、残《のこ》さなければいけない、とみんなで市役所にお願《ねが》いしました。

南洋の人たちのくらしが大好《だいす》きだった俊《とし》は、大むかしの人たちのくらしも、きっとのびのびとして、しあわせだったにちがいない、と思ったことでしょう。なにしろ科学の進んだ文明は、原爆《げんばく》というおそろしいものをつくって、数えきれない命をうばってしまったのです。人間は自然《しぜん》のままに生きる方がしあわせだ、と俊《とし》は考えていました。

しかし、けっきょく、団地《だんち》の計画を止めることはできませんでした。それでも少しだけ計画は見なおされて、遺跡《いせき》は小さな公園としてのこることになりました。俊《とし》たちは、みんなであつまって縄文《じょうもん》まつりを開き、楽しくおどりをおどりました。


残念《ざんねん》なことに松戸《まつど》では、美術館《びじゅつかん》をつくるほど広い土地を買えそうもないことがわかりました。別《べつ》の知りあいが、埼玉県《さいたまけん》の東松山市《ひがしまつやまし》に広い土地がある、と教えてくれました。

俊《とし》は位里《いり》といっしょに、東松山《ひがしまつやま》に出かけていきました。松戸《まつど》にくらべると、東京《とうきょう》からは遠いところです。林のなかの細い道を歩いていくと、とつぜん目の前が開けて、川が流れていました。

川の名は都幾川《ときがわ》といいました。小さいけれども、水のきれいな川です。

「川はいい。広島《ひろしま》の、わしが生まれた村に、よく似《に》ている。」

位里《いり》は気に入ったようでした。

「ここにしよう。」

今度は東松山市《ひがしまつやまし》に引っ越《こ》して、家のとなりに美術館《びじゅつかん》をたてることに決めました。

小さな四角い箱のような美術館《びじゅつかん》です。展示室《てんじしつ》はふたつだけで、「原爆《げんばく》の図」を全部かざることもできません。

「それでいい。お金がたまったら、少しずつ建物《たてもの》を広げていけばいい。」

「一日にひとりでも、絵を見たいという人が来てくれたらいいですね。」

一九六七（昭和《しょうわ》四十二）年五月、美術館《びじゅつかん》は開館しました。墨《すみ》で字を書くのが得意《とくい》な位里《いり》は、大きな字で美術館《びじゅつかん》の名前を書きました。

「原爆《げんばく》の図丸木美術館《ずまるきびじゅつかん》」という名前です。

画家の名前や、美術館《びじゅつかん》をつくった人の名前がついた美術館《びじゅつかん》はたくさんあります。けれども、「原爆《げんばく》の図」という絵の名前がついた美術館《びじゅつかん》はめずらしいでしょう。

ただの丸木美術館《まるきびじゅつかん》だけでもいいのではないですか、と聞く人がいました。けれども、ここは「原爆《げんばく》の図」のための場所なのです。部屋のなかは、天井《てんじょう》の高さも、かべの長さも、みんな「原爆《げんばく》の図」の大きさにあわせてつくられているのです。

「みんなが描《か》かせてくれた絵ですから、原爆《げんばく》の図はみんなの絵です。そして、この美術館《びじゅつかん》もみんなの美術館《びじゅつかん》になるでしょう。」

俊《とし》は、集まってくれた人たちに言いました。

美術館《びじゅつかん》をたてるといっても、国や大きな会社がお金を出してくれたわけではありません。俊《とし》と位里《いり》が自分たちでお金をつくり、「原爆《げんばく》の図」

1967年、美術館《びじゅつかん》が開館したときの俊《とし》と位里《いり》

を大切に思うたくさんの人たちが、すこしずつお金を寄付《きふ》したり、いろいろお手伝《てつだ》いをしたりして、支《ささ》えてくれたおかげで、ようやく美術館《びじゅつかん》ができたのです。

新聞やテレビは、新しい美術館《びじゅつかん》ができたことを、ニュースでとりあげて宣伝《せんでん》してくれました。おかげで思っていたより大ぜいの人が来てくれるようになりました。けれども、美術館《びじゅつかん》を続《つづ》けていくためには、いろいろとお金がかかります。二、三年たつと、天井《てんじょう》から雨もりがするようになりました。

「このままでは美術館《びじゅつかん》はつぶれてしまいます。」

「先のことはわからん。なるようになるし、ならなければ、それでもよいのだ。」

位里《いり》はあわてず、お酒をのんでいます。

心配した人たちが、美術館《びじゅつかん》を助けるために、友の会をはじめました。

何の決まりごともない、美術館《びじゅつかん》にお金を寄付《きふ》して支《ささ》えるための会です。栃木県《とちぎけん》の人たちが、かやぶき屋根の古い農家を運んできて、家のとなりにたててくれました。野木町《のぎまち》から来た農家なので、「野木庵《のぎあん》」とよばれました。

地元の東松山《ひがしまつやま》の人たちも、江戸《えど》時代に本陣《ほんじん》をつとめた大きな家の一部を美術館《びじゅつかん》に運んで、展示室《てんじしつ》のとなりにたててくれました。「小高文庫《おだかぶんこ》」と名づけられた二階の和室は、俊《とし》と位里《いり》の画室になりました。

「ここには、いい土があるから、焼《や》きものができますよ」と、焼《や》きものの好《す》きな若者《わかもの》たちが集まってきて、窯《かま》をつくりました。

「ヘビがたくさんすんでいるから、百龍窯《ひゃくりゅうがま》と名づけましょう。」

俊《とし》はよろこび、位里《いり》といっしょに、焼《や》きもののお皿やお茶わんに絵をつけました。

広島《ひろしま》から、位里《いり》の妹の大道《だいどう》あやも引っ越《こ》してきました。あやは美術館《びじゅつかん》の手伝《てつだ》いをしながら、お母さんのスマのように絵を描《か》きはじめました。

俊《とし》は小高文庫《おだかぶんこ》で、たくさんの絵本を描《か》きました。絵本の編集者《へんしゅうしゃ》が原稿《げんこう》をもらいに、東松山《ひがしまつやま》に通いました。けれど、絵本のしめきりを過《す》ぎているのに、俊《とし》は畑に行って草とりをしています。

「畑はわたしがやりますから、俊《とし》先生は絵本を描《か》いてください。」

編集者《へんしゅうしゃ》はどろだらけになって畑仕事をしました。そのあいだに、俊《とし》は絵本を描《か》きました。位里《いり》は下の川へ下りていって、お客さんのために、大きなあみを投げて魚をとりました。夜はみんなで、楽しくごはんを食べ、お酒をのみました。毎日のように、お客さんがやってきます。ここに来た人は、年齢《ねんれい》も仕事も区別《くべつ》なく、だれもがあたたかくむかえられます。

「来る者はこばまず、去る者は追わず。人はみんなおんなじだ。」

位里《いり》はそう言って、お酒をすすめました。

美術館《びじゅつかん》は少しずつ建物《たてもの》が広がって、絵を展示《てんじ》する部屋もふえていきました。木の建物《たてもの》のとなりに、鉄骨《てっこつ》やコンクリートの建物《たてもの》がつながっています。

「まるで、つぎはぎの美術館《びじゅつかん》ね。つぎはぎは好《す》きよ。でも、かえってお金がかかるから、たいへんだったりしてね。」

俊《とし》は、おかしそうに笑《わら》いました。

美術館《びじゅつかん》に来た人が帰るときには、入口にある平和の鐘《かね》をならします。カーン、カーンと平和の鐘《かね》はひびきます。

毎年、八月六日には都幾川《ときがわ》で、原爆《げんばく》で死んでいった人たちのことを思いながら、とうろう流しをすることにしました。

五月五日は、丸木美術館《まるきびじゅつかん》の開館記念日《きねんび》です。たくさんの人たちが集まって、大切な記念日《きねんび》をお祝《いわ》いします。一年、一年、無事《ぶじ》にこの日をむかえるのが、どれほどうれしいことか。俊《とし》は心から思いました。

九 本当の戦争《せんそう》とは

丸木美術館《まるきびじゅつかん》ができてからも、「原爆《げんばく》の図」の旅は終わりませんでした。一九七〇（昭和《しょうわ》四十五）年には、原爆《げんばく》を落とした国のアメリカに、初《はじ》めて「原爆《げんばく》の図」が行くことになりました。

袖井林二郎《そでいりんじろう》というアメリカ帰りの学者が、アメリカの人たちにぜひ「原爆《げんばく》の図」を見せたいと、はたらきかけてくれたのです。

そのころ、アメリカはベトナムで戦争《せんそう》をしていました。朝鮮戦争《ちょうせんせんそう》のように、ベトナムは北と南に分かれ、それぞれソ連《れん》とアメリカが後ろについて、終わりのない戦《たたか》いが続《つづ》いていました。

もう、こんなひどい戦争《せんそう》はやめた方がいい。アメリカでは、戦争《せんそう》に反対する人たちがたくさん声をあげていました。「原爆《げんばく》の図」を描《か》きはじめたときの日本のように、こんどはアメリカの人たちが、アメリカ国内の八つの都市をまわる展覧会《てんらんかい》を支《ささ》えてくれました。

俊《とし》と位里《いり》も「原爆《げんばく》の図」といっしょに、ニューヨークへ行きました。ほとんどのアメリカ人にとって、原爆《げんばく》は、空の上の飛行機《ひこうき》の窓《まど》から見たキノコ雲のイメージでした。戦争《せんそう》に勝ったアメリカの栄光《えいこう》の歴史《れきし》です。でも「原爆《げんばく》の図」は、そのとき、地上で何が起きていたのかを伝《つた》える絵でした。絵を見にきた人たちは、おどろき、ショックを受けました。

「どうしてこんな絵を持ってきたのですか。日本は、ハワイの真珠湾《しんじゅわん》を攻撃《こうげき》したでしょう。わたしの子どもはハワイで死んだのです。原爆《げんばく》を落としてよかったのです。」

会場で、そう言っておこる女の人がいました。俊《とし》は、意見のちがう人とも、しっかり話をしなければいけない、と思いました。

「それはごめんなさい。でも広島《ひろしま》には、アメリカ人の兵士《へいし》もつかまっていたのです。あなたたちの国が落とした原爆《げんばく》は、あなたたちの国の若者《わかもの》の命もうばったのですよ。」

「知らなかった、わたしたちの国では、そんな話は聞かされていません。」

女の人は、絵の前で、俊《とし》の手をとり、強くにぎりしめました。

日本に帰ってきた俊《とし》は、広島《ひろしま》へ行って、アメリカ人の兵士《へいし》がどんなふうに死んでいったのか、おぼえている人の話を聞いて、「原爆《げんばく》の図」に描《か》きたいと思いました。

そして、位里《いり》と広島《ひろしま》へ行き、原爆資料館《げんばくしりょうかん》の人たちといっしょに、とらわれていたアメリカ兵《へい》の世話をする仕事をしていた人たちの話を聞いてまわりました。すると、原爆《げんばく》で死んだ兵士《へいし》もいたけれど、生き残《のこ》ったアメリカ兵《へい》は道ばたで、からだをしばられて、広島《ひろしま》の人たちに棒《ぼう》でたたかれ、石をぶつけられていた、ということがわかりました。

「わしらは、その話を知っていたはずだ。広島《ひろしま》に行ったとき、たしかに聞いていた。でも、そのときは描《か》かなかった。」

「どうして、わすれてしまったのでしょう。本当は、描《か》かなければいけなかったのではないですか。」

「話がややこしくなると思ったのか。広島《ひろしま》の人を悪く描《か》きたくなかったのかもしれん。」

絵を描《か》く筆は、進まなくなりました。

俊《とし》は、アメリカの展覧会《てんらんかい》を思い出していました。

「もし中国の画家が、日本の兵隊《へいたい》が中国の人たちを殺《ころ》した絵を日本に持ってきたら、あなたたちはどうしますか。わたしたちが手伝《てつだ》っているのは、それと同じことなのですよ。」

展覧会《てんらんかい》を手伝《てつだ》ってくれた人から、そう言われていたのです。

自分たちの国にとって、知られてほしくない話を伝《つた》えるのは、たいへんなことです。戦争《せんそう》が終わってすぐに、アメリカ軍《ぐん》は原爆《げんばく》の話をかくしました。「原爆《げんばく》の図」を描《か》いたのは、そんなアメリカ軍《ぐん》のやり方に、これはいけない、と思ったからでした。

では、日本の人たちがアメリカの人をきずつけた話を、聞かなかったことにしてしまってよいのでしょうか。俊《とし》はとても悩《なや》みました。気がつくと、位里《いり》は旅に出て、いなくなっていました。

この絵を描《か》いたら、いままで応援《おうえん》してくれた日本の人たちが、はなれてしまうかもしれない。それはとてもつらいことでした。でも、アメリカで「原爆《げんばく》の図」の展覧会《てんらんかい》を支《ささ》えてくれた人たちは、それでも伝《つた》えなければいけないと心を決めて、応援《おうえん》してくれたのではなかったか。それがどれほど勇気《ゆうき》のあることか、いまの俊《とし》にはよくわかりました。

命の大切さは、どの国の人も同じです。自分たちの国にとって知られてほしくない話も、きちんと描《か》かなければいけない、と俊《とし》は思いました。「原爆《げんばく》の図」を描《か》くということは、そういうことなんだ。俊《とし》は筆を持って、おびえるアメリカの若《わか》い兵士《へいし》のもとへ、日本の人たちがせまってくる絵を描《か》きました。いつのまにか位里《いり》はもどってきて、だまっていっしょに絵を描《か》きました。

原爆《げんばく》では、日本でくらしていた朝鮮《ちょうせん》の人たちも、たくさん死んでいました。「原爆《げんばく》の図」に、朝鮮《ちょうせん》の人たちも描《か》けないだろうか。俊《とし》は位里《いり》に話しました。すると、石牟礼道子《いしむれみちこ》という作家が長崎《ながさき》で死んだ朝鮮《ちょうせん》の人たちのことを書いている、と雑誌《ざっし》を持ってきてくれた人がいました。

「こんなことが書いてありますよ。『原爆《げんばく》のおっちゃけたあと最後《さいご》まで死がいが残《のこ》ったのは朝鮮人《ちょうせんじん》だったとよ。日本人はたくさん生きのこったが朝鮮人《ちょうせんじん》はちっとしか生きのこらんじゃったけん、どがんもこがんもできん。それで最後《さいご》までのこった朝鮮人《ちょうせんじん》の死がいのあたまの目ん玉ば、カラスが来て食うとよ』……すごい文章ですね。石牟礼《いしむれ》さんは勇気《ゆうき》のある人ですね。」

「そうだ、このカラスを描《か》けば、絵になるだろう。戦争《せんそう》の根っこには、人の命の重さを選《えら》びとる差別《さべつ》があるんだ。カラスの絵で、それをあらわせるかもしれん。」

ふたりは絵を描《か》くために、庭でカラスを飼《か》ってみました。カラスはかしこい鳥で、人にはなかなかなつきません。カラスの世話をする若者《わかもの》たちは、たいへんな目にあいました。けれども、よく見ていると、なかなかおもしろい、かわいいところのある鳥です。たくさんカラスの絵を描《か》いているうちに、俊《とし》はカラスが好《す》きになりました。

原爆《げんばく》を受けた朝鮮《ちょうせん》の人がやってきて、絵のモデルになってくれました。

「わたしたちは原爆《げんばく》を受けて、すっかり戦争《せんそう》の被害者《ひがいしゃ》だと思ってしまっていたが、朝鮮《ちょうせん》の人たちから見たら加害者《かがいしゃ》でもあったのですね。」

俊《とし》は大切なことに気がついた、と思いました。戦争《せんそう》のとき、俊《とし》は、日本の兵隊《へいたい》が南の島を守るという話の絵本を描《か》きました。けれども、島の人たちは、日本に守られて本当によろこんでいたのでしょうか。日本人が南の島でいばっているすがたも、たくさん見ていたのです。わたしは戦争《せんそう》を手伝《てつだ》っていたのかもしれない、と俊《とし》は思いました。戦争《せんそう》をはじめた人たちは地獄《じごく》へ落ちるでしょう。けれども戦争《せんそう》に反対せず、手伝《てつだ》ってしまったわたしも、地獄《じごく》へ落ちるのではないかしら。

アメリカへ行ったとき、もともと住んでいた人たちを、あとから来た白人が土地から追いはらったという歴史《れきし》を学んで、俊《とし》は、北海道《ほっかいどう》に住んでいたアイヌの人たちのことを思い出していました。俊《とし》の育ったお寺には、ときどき、サケの皮でできたくつをはいたアイヌの人が、白樺《しらかば》の木の皮を売りに来ていたのです。俊《とし》のおじいさんは、香川《かがわ》から北海道《ほっかいどう》にわたり、お寺をたてた人です。わたしたちは、アイヌの人たちを土地から追い出していたのではないか。人は気がつかないうちに、だれかを苦しめたり、悲しませたりしていることがある。とくに自分が安全なところで守られているときには、苦しんでいる人たちの気持ちが見えなくなってしまう。

そう思った俊《とし》は、「原爆《げんばく》の図」を描《か》いた絵描《えか》きとして、そして戦争《せんそう》を手伝《てつだ》ってしまった人間として、これからも、さまざまな暴力《ぼうりょく》で苦しんでいる人の絵を描《か》かなければいけない、と考えるのでした。

「原爆《げんばく》の図」の第十四部として《からす》を描《か》き終えた俊《とし》と位里《いり》は、これまでよりも、さらに大きな絵を描《か》くようになりました。

初《はじ》めは、広島《ひろしま》の原爆資料館《げんばくしりょうかん》のために描《か》いた原爆《げんばく》の絵で、たて四メート

原爆《げんばく》の図　第 14 部《からす》（部分）1972 年

ル、横八メートルの大作でした。それと同じ大きさで、日本軍《ぐん》の兵隊《へいたい》が中国に攻《せ》めこんで、南京《ナンキン》という町でたくさんの人を殺《ころ》したり、女の人に乱暴《らんぼう》したりしている絵を描《か》きました。ヒトラーの率《ひき》いるドイツがアウシュビッツという場所でユダヤ人を大量《たいりょう》に殺《ころ》した絵は、横はば十六メートルの画面に描《か》きました。

熊本県《くまもとけん》の水俣《みなまた》という町で、工場のよごれた水を海や川に流し、魚のからだにたまった水銀を人や猫《ねこ》たちが食べて、全身がしびれてしまうという公害病《こうがいびょう》の絵も描《か》きました。自分たちの都合のために、ほかの人が死んだり苦しんだりすることを何とも思わない人間の身勝手さは、戦争《せんそう》も公《こう》害《がい》もいっしょだ、と俊《とし》はおこっていたのです。

一九七八（昭和《しょうわ》五十三）年、俊《とし》と位里《いり》は「原爆《げんばく》の図」の展覧会《てんらんかい》のために初《はじ》めて沖縄《おきなわ》を訪《おとず》れ、戦争《せんそう》を体験《たいけん》しているおじいやおばあの話を聞いて、大きなショックを受けました。アメリカ軍《ぐん》が島に攻《せ》めてきて、地上ではげしい戦《たたか》いがおこなわれた沖縄《おきなわ》では、「集団自決《しゅうだんじけつ》（強制集団死《きょうせいしゅうだんし》）」といって、日本兵《へい》が島の人たちに自分で死ぬことを命令《めいれい》したというのです。沖《おき》縄《なわ》の言葉で話しただけで、「きさまは敵《てき》のスパイだ」とうたがわれて、日本兵《へい》に殺《ころ》されたこともあったというのです。

「島に攻《せ》めてきたアメリカより、ヤマトゥ（日本）の兵隊《へいたい》の方がこわかったさ。」

おじいやおばあは言いました。軍隊《ぐんたい》が「国を守る」ということと、「国民《こくみん》ひとりひとりの命を守る」ことはちがうのだ、という戦争《せんそう》の現実《げんじつ》を、沖縄《おきなわ》の人たちはよく知っていました。

もともと日本とは別《べつ》の王国の歴史《れきし》をもち、言葉や生活文化のちがう沖《おき》縄《なわ》の人たちは、日本の人たちから差別《さべつ》を受けていました。戦争《せんそう》のときも、沖縄《おきなわ》は日本を守るための最後《さいご》のとりでにされました。そして戦争《せんそう》が終わったあとも、最後《さいご》までアメリカに占領《せんりょう》され、島にはたくさんのアメリカ軍《ぐん》の基地《きち》がつくられました。一九七二（昭和《しょうわ》四十七）年にようやく沖《おき》縄《なわ》は日本に返されましたが、その後もアメリカ軍《ぐん》の基地《きち》は残《のこ》っています。日本は平和だ、と多くの人が思っているけれど、沖縄《おきなわ》の人たちにとって戦争《せんそう》は続《つづ》いている、と俊《とし》も位里《いり》も思いました。

「原爆《げんばく》はいっしゅんの爆発《ばくはつ》で、何が起きたかわからなかった。でも沖縄《おきなわ》では、本当の戦争《せんそう》とは何か、島の人たちはよくわかっている。沖縄《おきなわ》の戦《せん》争《そう》を描《か》くことが、いちばん戦争《せんそう》を描《か》いたことになる。」

一九八二（昭和《しょうわ》五十七）年に最後《さいご》の「原爆《げんばく》の図」となった第十五部の《ながさき》を描《か》いたあと、俊《とし》と位里《いり》は、毎年、沖縄《おきなわ》へ通うことにしました。そして島の人たちの話に耳をかたむけ、《沖縄戦《おきなわせん》の図》を描《か》きました。

「沖縄《おきなわ》の方たちには、本当に申しわけないことをしました。」

ふたりとも心をこめて、たくさんの絵を描《か》きました。

十　やまんば会議《かいぎ》

都幾川《ときがわ》を見おろす高台には、東京《とうきょう》の多摩川《たまがわ》のほとりから移《うつ》されてきた広い茶室がたてられました。夏は風通しがよく、冬は日当たりのよい、窓《まど》の大きな居心地《いごこち》のよい和室です。

「ここからは川の流れがよく見える。流々庵《るるあん》とよぶことにしよう。」

川の好《す》きな位里《いり》が名づけました。ふたりで大きな絵を描《か》くことのできる画室になりました。

うららかな春の午後のことです。

すっかり年をとった俊《とし》は、流々庵《るるあん》で絵を描《か》いているうちに、うつらうつら、いねむりをはじめました。窓《まど》の外を、チョウがひらひら飛《と》んでいます。

どれほど時間がたったでしょうか。

「ほうい、ほうい。」

川の方からたくさんの女の人たちが、熊笹《くまざさ》のあいだの細い道を、歩いてのぼってくるのが見えました。

「さあさあ、ヨモギをつんできましたよ。今日はおもちをつくりましょうか。」

「わたしは、うどんをうちましょう。」

女の人たちは、くちぐちに言って、流々庵《るるあん》に入ってきました。ずいぶんなつかしい人たちのような気がします。

「シロカニペ　ランラン　ピシカン、コンカニペ　ランラン　ピシカン
……銀のしずく、ふるふるまわりに　金のしずく、ふるふるまわりに。」

美しい声で、歌をうたう人がいます。遠く、北の果《は》てから来た人のよ

うです。おとなしい白い馬といっしょに、寄《よ》りそうように庵《いおり》の入口に立っている若《わか》いむすめもいます。遠野《とおの》という里から来たそうです。子どもをたくさん連《つ》れた女の人もいました。赤ん坊《ぼう》におちちをあげながら、子どもたちと手遊びをしています。

「おつむてんてん、あわわ。」

きつね色のかみをのばし、青い目をした女の人は、長い手と足を組み、静《しず》かに笑《わら》って川の向こうをながめています。

俊《とし》は立ちあがり、大きな巻《ま》き貝を両手で持って、いきおいよく吹《ふ》き鳴らしました。

ブオオー、ブオオー、ブオオー。

大地がまるごとゆれはじめるような、大きな音がひびきました。

むかしむかし、農民《のうみん》たちが立ちあがり、声をあげるための一揆《いっき》を起こすときに吹《ふ》いたほら貝です。

ドン、ドン、ドンドコ、ドン。

ドンドコ、ドン、ドン。

はちまきを頭にまいて、大きな太鼓《たいこ》をたたいている人もいます。

そうれ、そうれ、みんなのかけ声が、川の風に乗って広がります。


やがて、ひとりの女の人が、声をあげました。

「わたしは、東京《とうきょう》から来た松谷《まったに》みよ子でございます。俊《とし》先生といっしょに、日本じゅうの伝説《でんせつ》や民話《みんわ》を集めた絵本をつくっています。今日は、やまんば会議《かいぎ》におまねきいただき、ありがとうございました。」

やまんば会議《かいぎ》とは、なんと、おそろしい名前の会議《かいぎ》でしょう。けれども、北から南から集まってきた女の人たちは、みんな、とてもやさしい目をしていました。

「松谷《まったに》さんは、原爆《げんばく》のお話も書いているのですよ。現代《げんだい》の民話《みんわ》として、

『平和のやまんば』1978年　東松山市《ひがしまつやまし》蔵《ぞう》

都幾川《ときがわ》の川辺《かわべ》で

戦争《せんそう》を語り伝《つた》えていこうとされています。」

　俊《とし》はたのもしそうに言いました。

「わたしは原爆《げんばく》の図の前で、俊《とし》先生に、川に流したとうろうが、真夜中に火が消えて、海から上げ潮《しお》に乗って帰ってくるという話を聞きました。そのとき、原爆《げんばく》で死んだ女の子を探《さが》して、コトリ、コトリと歩き続《つづ》ける椅子《いす》の話を書こうと思ったのです。やまんばは、子を育て、命を大切にするのです。だから子どもたちには、現代《げんだい》の戦争《せんそう》の話も伝《つた》えたいのです。」

「松谷《まつたに》さんのお書きになった『ふたりのイーダ』は、すばらしいご本でしたね。」

「俊《とし》先生の描《か》かれた『ひろしまのピカ』も、たいへんなお仕事でした。いままでは、いろいろな国の言葉になって、世界じゅうの子どもたちが読む絵本になりましたね。」

「わたしも、子どもや孫《まご》たちの代に伝《つた》えるつもりで、原爆《げんばく》の絵本を描《か》こうと思ったんですよ。」

部屋のすみの方で、それまで、みんなのようすをじっと見ていた小さな女の人が、ひょこりと立ちあがって言いました。

「わたしは九州《きゅうしゅう》の熊本《くまもと》から来ました。石牟礼道子《いしむれみちこ》と申します。俊《とし》先生と位里《いり》先生が水俣《みなまた》の図を描《か》いたときに、水俣《みなまた》の漁村《ぎょそん》をご案内《あんない》いたしました。」

「石牟礼《いしむれ》さんは『苦界浄土《くがいじょうど》』という、すばらしいご本を書かれておられます。わたしたちはいっしょに『みなまた海のこえ』という絵本もつくりました。」

「あのときはお世話になりました。わたしは、工場の水でよごされてしまった海を見ているのが本当につらいのです。大むかしからの命が続《つづ》いているところ、かぎりない生きものたちのご先祖《せんぞ》さまのたましいが失《うしな》われて、わたしたちのたましいが帰っていくところも、なくなってしまうのではないでしょうか……ところで、わたしはどうして、やまんば会議《かいぎ》におまねきいただいたのでしょう。」

「あなたも、りっぱなやまんばなのよ。やまんばは、草や木や、たくさんの命といっしょに生きるのです。」

うふふ、とふたりは笑《わら》いあいました。

「さあ食べましょう、のみましょう、歌をうたって、おどりましょう。」

やわらかな朝鮮《ちょうせん》の服チマチョゴリをひるがえして、おどる人がいます。赤や黄色のあざやかな色に染《そ》められた布《ぬの》をまとって、琉球《りゅうきゅう》王国の舞踏《ぶとう》をおどる人もいました。


にぎやかな時間は、たちまち過《す》ぎていきました。

「今日は本当に楽しかったですね。みなさん、また、やまんば会議《かいぎ》をしましょうね。」

女の人たちは、にこやかに手をふりながら、歩いて川の方へおりていきました。どこからか、ウグイスのなき声が聞こえてきます。

みんなを見送ったあと、俊《とし》は流々庵《るるあん》にもどって筆をとり、描《か》きかけの絵の前にすわりました。そしてすぐにまた、うつらうつらと、いねむりをはじめました。

窓《まど》の外を、ひらり、ひらり、チョウが飛《と》んできました。美しい夕日に照《て》らされた熊笹《くまざさ》の道に、人かげはありません。

やまんば会議《かいぎ》は、まぼろしだったのでしょうか。

部屋のなかに、ヨモギのかおりが、かすかにただよっていました。

おわりに

岡村《おかむら》　幸宣《ゆきのり》

　東松山市《ひがしまつやまし》の中央公民館《ちゅうおうこうみんかん》（現在《げんざい》の松山市民《まつやましみん》活動センター）のホールの緞帳《どんちょう》のために、俊《とし》は「平和のやまんば」の絵を描《か》きました。俊《とし》は、やまんばを、山のなかで自然《しぜん》にとけこむようにくらし、たくさんの子を育てる、すばらしい女性《じょせい》の代表だと考えていました。

　石牟礼道子《いしむれみちこ》さんは、俊《とし》から、やまんば会議《かいぎ》の話を聞いたという文章を書いています。それによると、「中のやまんば」は松谷《まつたに》みよ子さん、石《いし》牟礼《むれ》さんは「西の方のやまんば」なのだそうです。もっとも、やまんば会議《かいぎ》は、現実《げんじつ》に開かれたわけではなく、俊《とし》の頭のなかだけのお話だったようですが、この本の最後《さいご》では、俊《とし》がいねむりをする時間を借《か》りて、やまんば会議《かいぎ》を開いてみました。

丸木位里《まるきいり》は、原爆《げんばく》が落とされ、戦争《せんそう》が終わってから五十年目にあたる一九九五（平成《へいせい》七）年に、九十四歳《さい》で亡《な》くなりました。丸木俊《まるきとし》は、二十世紀《せいき》の最後《さいご》の年の二〇〇〇（平成《へいせい》十二）年に、八十七歳《さい》で亡《な》くなりました。人の命には限《かぎ》りがあります。けれども、描《か》かれた絵は作者より長く世に残《のこ》ります。「原爆《げんばく》の図」はいまも丸木美術館《まるきびじゅつかん》に展示《てんじ》され、たくさんの人が絵を見るために、埼玉県東松山市《さいたまけんひがしまつやまし》の都幾川《ときがわ》のほとりを訪《おとず》れます。

アメリカの歴史学者《れきしがくしゃ》のジョン・ダワーは、こんな文章を書いています。「歴史《れきし》の記憶《きおく》は、とてもうつろいやすいものです。けれども、目で見ることのできるイメージは、強い力をもっています。俊《とし》さんと位里《いり》さんの描《か》いた絵が、もし、これほど大きな印象《いんしょう》をあたえる力をもっていなければ、わたしたちは、本当の歴史《れきし》をわすれてしまったかもしれません。」

俊《とし》と位里《いり》の描《か》いた絵の多くは、戦争《せんそう》や公害《こうがい》などの大きな力によって、弱い立場の人たちが苦しめられている絵です。そうした人たちの声は、なかなか多くの人にとどきません。だからこそ、ふたりは絵に描《か》いて、わすれないように残《のこ》さなければいけないと思ったのです。

世のなかには、楽しいことがたくさんあります。それらは、悲しい気持ちをわすれさせてくれるでしょう。けれども、わたしたちが心ゆたかに生きるためには、わすれてはいけないことがあります。人びとの悲しみや苦しみの歴史《れきし》を知るということは、二度と同じようなことを起こさないためにはどうしたらよいか、考えることにもつながります。

「原爆《げんばく》がどういうものかは、実際《じっさい》に体験《たいけん》したらよくわかります。でも、体験《たいけん》してからではおそいのよ」と、俊《とし》は子どもたちに話していました。

「沖縄《おきなわ》には、命《ぬち》どぅ宝《たから》（命こそ宝《たから》）という言葉があります。何があっても、戦争《せんそう》をしてはいけない。殺《ころ》されても、殺《ころ》してもいけない。」

「原爆《げんばく》の図」は、そんな大切なことを考えさせてくれます。丸木俊《まるきとし》と丸木位里《まるきいり》という心やさしい画家が残《のこ》した宝《たから》のような絵なのです。

資《し》料《りょう》

丸《まる》木《き》俊《とし》

俊《とし》をとりまく人びと

俊《とし》とともに活動をした人をしょうかいします。

家族

丸木《まるき》位里《いり》
一九〇一年〜一九九五年

広島県《ひろしまけん》の太田川《おおたがわ》の上流の農家に生まれた。戦前《せんぜん》には前衛的《ぜんえいてき》な美術団体《びじゅつだんたい》である歴程美術協会《れきていびじゅつきょうかい》や美術《びじゅつ》文化協会《きょうかい》に加《くわ》わり、抽象《ちゅうしょう》やシュルレアリスム（超現実主義《ちょうげんじつしゅぎ》）を取り入れた独自《どくじ》の水墨画《すいぼくが》を発表して高い評価《ひょうか》を受けた。一九四一年に赤松俊子《あかまつとしこ》（丸木俊《まるきとし》）と結婚《けっこん》。一九四五年に広島《ひろしま》に原爆《げんばく》が落とされたときには、数日後にかけつけ、そのようすを見た。やがて俊《とし》と夫婦《ふうふ》共同で《原爆《げんばく》の図》の制作《せいさく》に取りくみ、三十年以上《いじょう》かけて十五部の連作《れんさく》を完成《かんせい》させる。その一方で風景《ふうけい》を中心としたスケールの大きな水墨画《すいぼくが》を数多く残《のこ》している。

位里《いり》の家族

後列の右側《みぎがわ》が位里《いり》、右から３番目が大道《だいどう》あや、前列の左がスマ。1941 年。

丸木《まるき》スマ

一八七五年〜一九五六年

丸木位里《まるきいり》の母。広島県《ひろしまけん》の農家に生まれる。七十歳《さい》を過《す》ぎてから、俊《とし》のすすめで絵を描《か》きはじめ、その後、八十一歳《さい》で亡《な》くなるまでに七百点をこえる数多くの絵を描《か》いた。スマの描《か》く動物たちはユーモラスで豊《ゆた》かな表情《ひょうじょう》やしぐさをもち、花はいつも画面からあふれんばかりの生命力にみちている。広島《ひろしま》で個展《こてん》を開いたときには広島県《ひろしまけん》知事も訪《おとず》れ、評判《ひょうばん》となった。日本美《び》術院展《じゅついんてん》に入選《にゅうせん》するなど作品が高く評《ひょう》価《か》されている。俊《とし》はスマを尊敬《そんけい》し、丸木《まるき》という名で活動することにした。

「めし」

大道《だいどう》あや

一九〇九年〜二〇一〇年

丸木位里《まるきいり》の妹。そぼくな動植物画や絵本で知られた日本画家。美容師《びようし》として広島《ひろしま》で働《はたら》いていたが、六十歳《さい》で兄の位里《いり》がくらす埼玉県《さいたまけん》に移《うつ》りすみ、このころから絵を描《か》きはじめた。自らの体験《たいけん》を描《か》いた絵本『ヒロシマに原爆《げんばく》がおとされたとき』（ポプラ社）のほか、『けとばしやまのいばりんぼ』（小峰書店《こみねしょてん》）『ねこのごんごん』（福音館書店《ふくいんかんしょてん》）など多くの絵本を出版《しゅっぱん》。『こえどまつり』（福音館書《ふくいんかんしょ》店《てん》）では、スロバキアのブラチスラバ世界絵本原画展《げんがてん》で優良賞《ゆうりょうしょう》を受《じゅ》賞《しょう》している。

「解放《かいほう》」

同時代の作家たち

松谷《まつたに》みよ子

一九二六年～二〇一五年

作家。瀬川康男《せがわやすお》との共著《きょうちょ》『いないいないばあ』（童心社《どうしんしゃ》）ほか数多くの児童書《じどうしょ》を発表。民話《みんわ》研究にも力を入れ、民話集《みんわしゅう》を発表。研究の成果《せいか》となった『龍《たつ》の子太郎《こたろう》』（講談社《こうだんしゃ》）では多くの賞《しょう》を受賞《じゅしょう》している。『ふたりのイーダ』（講談社《こうだんしゃ》）など戦争《せんそう》の悲劇《ひげき》を語る作品も多数ある。

俊《とし》が絵を描《か》いた作品に、『つつじのむすめ』（あかね書房《しょぼう》）など、俊《とし》と位《い》里《り》とが絵を描《か》いた作品に『松谷《まつたに》みよ子のむかしむかし』（講談社《こうだんしゃ》）などがある。

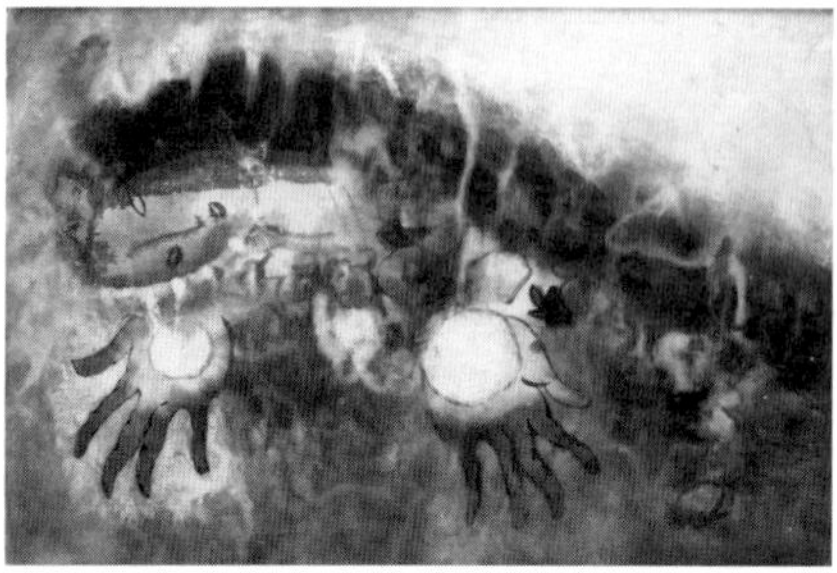

絵本『つつじのむすめ』原画

石牟礼道子《いしむれみちこ》

一九二七年～二〇一八年

作家、詩人。熊本県天草《くまもとけんあまくさ》に生まれ、まもなく水俣《みなまた》に移住《いじゅう》した。文筆活動のほかに水俣病《みなまたびょう》に関《かん》する活動をおこなってきた。主婦《しゅふ》として参加《さんか》した研究会で水俣病《みなまたびょう》に関心《かんしん》をもち、四十一歳《さい》のときに患者《かんじゃ》の魂《たましい》のうったえをまとめた『苦海浄土《くがいじょうど》―わが水俣病《みなまたびょう》』（講談社《こうだんしゃ》）を発表し、その後も多くの小説《しょうせつ》やノンフィクション、詩をつくる。俊《とし》と位里《いり》も水俣《みなまた》を訪《おとず》れ取材《しゅざい》をしている。絵本『みなまた海のこえ』（小峰書店《こみねしょてん》）では、俊《とし》と位里《いり》が、生まれくる命を描《か》いた。

絵本『みなまた海のこえ』原画

峠三吉《とうげさんきち》

一九一七年～一九五三年

詩人。大阪《おおさか》で生まれ、幼《おさな》いときに広島《ひろしま》に移《うつ》る。広島商業《ひろしましょうぎょう》学校在学中《ざいがくちゅう》から詩歌をつくりはじめる。二十八歳《さい》のときに広島《ひろしま》の爆心地《ばくしんち》から三キロの自宅《じたく》で原爆《げんばく》によって被《ひ》爆《ばく》する。

戦後《せんご》は、広島《ひろしま》の文化運動のリーダーとなる。「われらの詩《うた》の会」を結成《けっせい》した。自費出版《じひしゅっぱん》した『原爆《げんばく》詩集』では、原爆《げんばく》のおそろしさ、非人間性《ひにんげんせい》をうったえている。

俊《とし》と位里《いり》の活動に協力《きょうりょく》して、《原《げん》爆《ばく》の図》全国巡回《じゅんかい》の出発点となった広島《ひろしま》での展覧会《てんらんかい》を支《ささ》えた。

三十六歳《さい》で亡《な》くなったあとに『峠《とうげ》三吉《さんきち》全詩集―にんげんをかえせ』（風土社《ふうどしゃ》）が刊行《かんこう》されている。

四國五郎《しこくごろう》

一九二四年～二〇一四年

広島県広島《ひろしまけんひろしま》市出身の画家・詩人。戦争中《せんそうちゅう》は兵隊《へいたい》として出て、その後シベリア抑留《よくりゅう》を体験《たいけん》している。さらに、弟の被爆死《ひばくし》を体験《たいけん》して「戦《せん》争《そう》の記憶《きおく》」を伝《つた》えることを自らの使命とし、平和のために絵と詩をつくった。

峠三吉《とうげさんきち》を中心とする「われらの詩《うた》の会」に参加《さんか》。会の詩誌《しし》『われらの詩《うた》』の表紙などを手がけた。峠《とうげ》たちとともに、《原爆《げんばく》の図》全国巡回《じゅんかい》の出発点となった広島《ひろしま》での展《てん》覧会《らんかい》にかかわり、その後も「広島《ひろしま》平和美術展《びじゅつてん》」を運営《うんえい》する。原爆《げんばく》をテーマにした絵本『おこりじぞう』（金《きん》の星社《ほししゃ》）の絵を描《か》き、全国の小学生に読まれている。

いわさきちひろ

一九一八年～一九七四年

画家、絵本作家。子どもが題材《だいざい》の水彩画《すいさいが》やパステル画で知られる。戦後《せんご》まもなく画家になるために疎《そ》開先《かいさき》の長野《ながの》から上京したちひろは、池袋《いけぶくろ》の俊《とし》たちのアトリエで行われていた早朝デッサン会に参《さん》加《か》、俊《とし》のもとで絵を学んでいる。新しい絵本づくりに取りくみ、『あめのひのおるすばん』（至光《しこう》社《しゃ》）など多くの作品をつくった。

青春時代に戦争《せんそう》を体験《たいけん》し、「二度と戦争《せんそう》を起こしてはならない」と平和を願《ねが》い『母さんはおるす』（新日本出版社《しんにほんしゅっぱんしゃ》）『戦火《せんか》のなかの子どもたち』（岩崎書店《いわさきしょてん》）ではベトナム戦争下《せんそうか》の子どもたちを描《か》いている。

地図

俊《とし》とゆかりのある場所

俊《とし》が訪《おとず》れた国ぐにです。初《はじ》めてモスクワやコロール島に行ったのは、太平洋戦争《せんそう》がはじまる前で、まだ外国に行く日本人が少ない時代でした。俊《とし》は、そこで出会った人や見聞きしたことをスケッチして、たくさんの作品を残《のこ》しています。

若《わか》いころに経験《けいけん》した海外旅行は、俊《とし》にとって、おおいに刺激《しげき》となり、考え方や絵の描《か》き方にも影響《えいきょう》をあたえました。

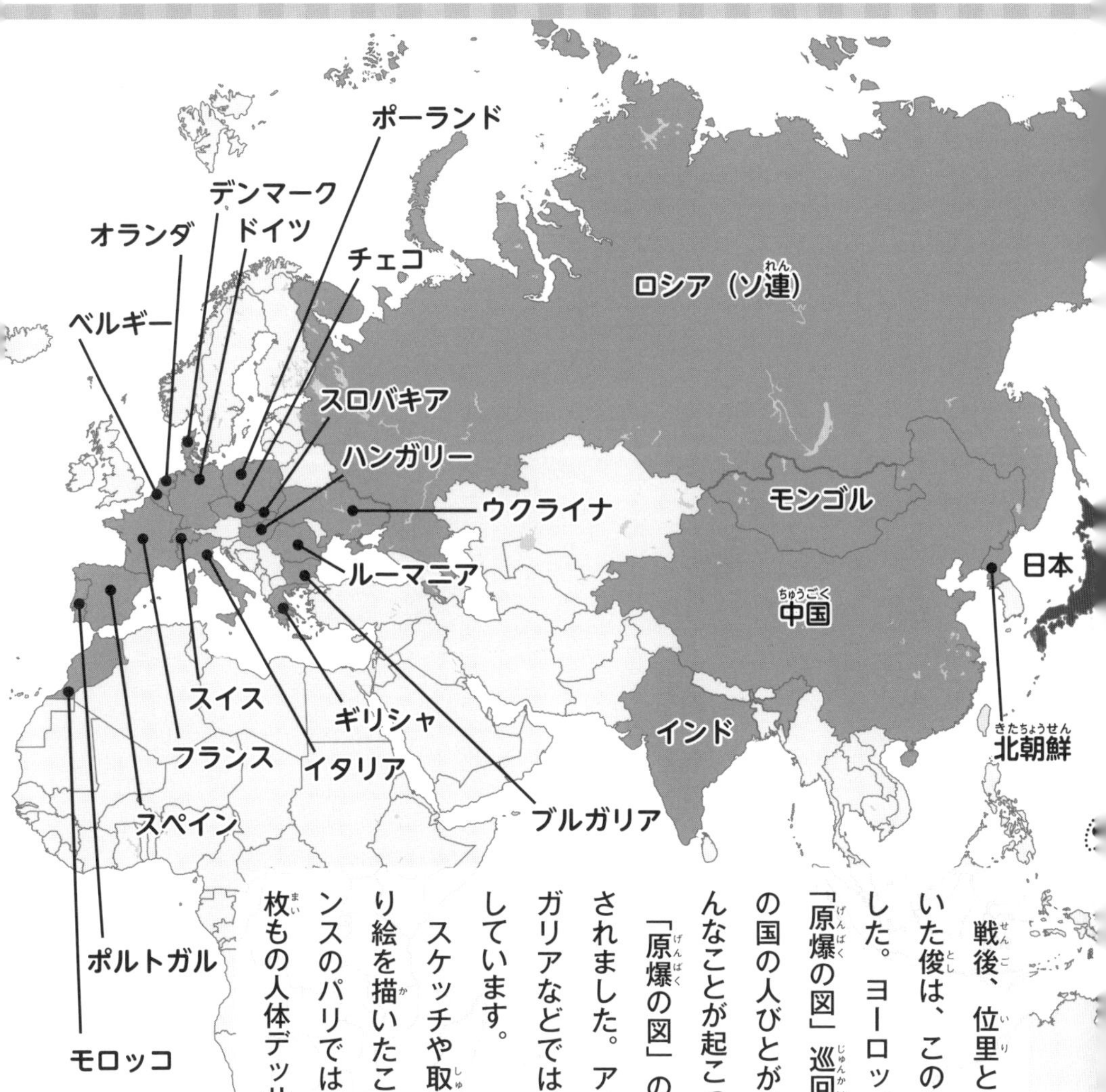

戦後《せんご》、位里《いり》とふたりで「原爆《げんばく》の図」を描《か》いた俊《とし》は、この絵を海外にも持っていきました。ヨーロッパやアメリカ、中国《ちゅうごく》などで「原爆《げんばく》の図」巡回展《じゅんかいてん》がおこなわれ、たくさんの国の人びとが絵を見て、原爆《げんばく》のもとでどんなことが起こったのかを知ったのでした。

「原爆《げんばく》の図」のほかにも、絵や絵本が評価《ひょうか》されました。アメリカやスロバキア、ブルガリアなどでは、賞《しょう》を受《う》け、授賞式《じゅしょうしき》に出席《しゅっせき》しています。

スケッチや取材《しゅざい》をしながら何か国もまわり絵を描《か》いたこともあります。また、フランスのパリでは四十日間も滞在《たいざい》して、何百《なんびゃく》枚《まい》もの人体デッサンを描《か》きました。

俊《とし》をもっと知ろう

美術館《びじゅつかん》で発電

原爆《げんばく》の図丸木美術館《まるきびじゅつかん》では、自然光《しぜんこう》を利用《りよう》するなど、なるべく電気をつかわない工夫《くふう》をしています。

「戦争《せんそう》が終わったあと、原子爆弾《げんしばくだん》は原子力《げんしりょく》発電所に化けて出てきました。でも、原爆《げんばく》と原発は、おんなじものです。平和利用《りよう》という名のもとで、放射能《ほうしゃのう》がばらまかれています。どこか遠くに住んでいる人が得《とく》をするようになっていて、原発で働《はたら》く人や、近くに住んでいる人たちが苦しむのです。」

俊《とし》は、こう言い、電力会社に伝《つた》えました。

「私《わたし》は原発に反対しているので、原発の分の電気料金《りょうきん》をはらいません。いまの電力のうち、原発がつくっている分は二十四パーセントだから、それだけ、はらうのをやめます。」

▲天まどのある展示室《てんじしつ》

天井《てんじょう》に自然光《しぜんこう》を取りいれるための大きなまどがある。

その結果《けっか》、美術館《びじゅつかん》の電気を全部とめられてしまいました。

そこで、電気を自分たちでつくることにしたのです。はじめはガス自家発電機《はつでんき》をつかっていましたが、一九九〇年からは全国から集められた寄付金《きふきん》によって太陽光発電をはじめました。けれど、そのころの太陽光パネルはまだまだ高《こう》価《か》で、発電効率《こうりつ》も低《ひく》く、一部の部屋《へや》しか照《て》らせません。故障《こしょう》も多くて、つかい続《つづ》けることができませんでした。

俊《とし》が亡《な》くなって十一年後の二〇一一年、福島《ふくしま》で原子力《げんしりょく》発電所の事故《じこ》が起きました。

美術館《びじゅつかん》は、俊《とし》と位里《いり》の思いでもある脱原発《だつげんぱつ》の意思を示《しめ》すためにも、太陽光発電を復活《ふっかつ》することにしました。多くの人からの募金《ぼきん》で、市民共《しみんきょう》同《どう》太陽光発電の建設資金《けんせつしきん》が集まり、いまでは、美術館《びじゅつかん》の電力を自然《しぜん》エネルギーでまかなっています。

▲屋根に設置《せっち》された太陽光パネル

平らなところが太陽光パネル。高くなっているところは天まどで、ここから展示室《てんじしつ》に光を入れている。

俊《とし》の人生と、生きた時代

俊《とし》は、たくさんの絵を描《か》きました。絵本を描《か》いたり、映画《えいが》の制作《せいさく》にも関《かか》わっています。
ここでは原爆《げんばく》の図を中心にしょうかいします。

時代	西暦	年齢	俊《とし》の出来事	世の中の出来事
明治	一九一二	〇歳	二月、北海道雨竜郡秩父別村《ほっかいどううりゅうぐんちっぷべつむら》（現在《げんざい》の秩父別町《ちっぷべつちょう》）に生まれる	七月三十日、明治《めいじ》から大正《たいしょう》に改元《かいげん》
大正	一九二五	十三歳	旭川高等女学校《あさひかわこうとうじょがっこう》に入学し、実家をはなれる 母のタカが亡《な》くなる	日本とソ連《れん》が国交を樹立《じゅりつ》 日本でラジオ試験《しけん》放送が始まる
昭和	一九二九	十七歳	女子美術専門学校《じょしびじゅつせんもんがっこう》（現在《げんざい》の女子美術大学《じょしびじゅつだいがく》）に入学のため上京する	第一回アカデミー賞授賞式《しょうじゅしょうしき》 イギリスとソ連《れん》が国交を回復《かいふく》
	一九三三	二十一歳	千葉県市川市《ちばけんいちかわし》の小学校で代用教員となる	大阪《おおさか》で初《はつ》の地下鉄が開通
	一九三七	二十五歳	教員をやめ、家庭教師《きょうし》としてモスクワへ行く	日中戦争《せんそう》が始まる
	一九三八	二十六歳	春に帰国し、八月末まで代用教員をつとめる 東京都豊島区《とうきょうととしまく》のアトリエ村に住みはじめる	
	一九三九	二十七歳	初《はつ》の個展《こてん》を銀座《ぎんざ》で開く 丸木位里《まるきいり》の個展《こてん》を見て感想を記す	第二次世界大戦《たいせん》が始まる

昭和

一九四〇	二十八歳	半年間、コロール島など「南洋群島《なんようぐんとう》」に滞在《たいざい》 丸木位里《まるきいり》に会う	日独伊《にちどくい》三国同盟《どうめい》が成立《せいりつ》 生活必需品《ひつじゅひん》の配給制《はいきゅうせい》が始まる
一九四一	二十九歳	モスクワ公使《こうし》の子どもの家庭教師《きょうし》としてモスクワに行く 帰国後、位里《いり》と結婚《けっこん》する	十二月、太平洋戦争《せんそう》が始まる
一九四五	三十三歳	原子爆弾《げんしばくだん》が落とされてすぐの広島《ひろしま》を訪《おとず》れ、約《やく》一か月滞在《たいざい》	広島《ひろしま》と長崎《ながさき》に原子爆弾投下《げんしばくだんとうか》
一九四六	三十四歳	夫婦《ふうふ》で日本美術会結成《びじゅつかいけっせい》に参加《さんか》 アトリエでデッサン会をおこなう	第一回国連総会《こくれんそうかい》が開かれる
一九四八	三十六歳	神奈川県藤沢市片瀬《かながわけんふじさわしかたせ》に引っ越《こ》す 「原爆《げんばく》の図」を描《か》くことを思い立つ	国際連合《こくさいれんごう》が世界人権宣言《じんけんせんげん》を採択《さいたく》
一九五〇	三十八歳	第三回日本アンデパンダン展《てん》に《八月六日》（のちの原爆《げんばく》の図第一部《幽霊《ゆうれい》》）を発表 原爆《げんばく》の図三部作完成記念展《かんせいきねんてん》を開き、原爆《げんばく》の図第二部《火》、第三部《水》を発表 絵本『ピカドン』（ポツダム書店）を刊行《かんこう》する 広島《ひろしま》で原爆《げんばく》の図三部作展覧会《てんらんかい》を開く 原爆《げんばく》の図全国巡回展《じゅんかいてん》を始める	朝鮮戦争《ちょうせんせんそう》が始まる
一九五一	三十九歳	原爆《げんばく》の図第四部《虹《にじ》》、第五部《少年少女》を発表	
一九五二	四十歳	画集『原爆《げんばく》の図』（青木書店《あおきしょてん》）を刊行《かんこう》する	サンフランシスコ講和条約発効《こうわじょうやくはっこう》

時代	西暦	年齢	俊《とし》の出来事	世の中の出来事
昭和	一九五三	四十一歳	映画《えいが》『原爆《げんばく》の図』（新星映画社《しんせいえいがしゃ》）公開《こうかい》 俊《とし》と位里《いり》が世界平和評議会《ひょうぎかい》より国際《こくさい》平和賞《しょう》を受賞《じゅしょう》する 原爆《げんばく》の図第六部《原子野》を発表 デンマークで国際婦人会議《こくさいふじんかいぎ》に参加《さんか》 原爆《げんばく》の図がヨーロッパなどを巡回《じゅんかい》	朝鮮戦争《ちょうせんせんそう》が休戦《きゅうせん》となる 地上波テレビ放送が始まる
	一九五四	四十二歳	原爆《げんばく》の図第七部《竹やぶ》を発表	アメリカのビキニ水爆実験《すいばくじっけん》により第五福竜丸《だいごふくりゅうまる》が被爆《ひばく》する
	一九五五	四十三歳	原爆《げんばく》の図第八部《救出《きゅうしゅつ》》を発表 原爆《げんばく》の図第九部《焼津《やいづ》》を発表	第一回原水爆禁止《げんすいばくきんし》世界大会が開かれる
	一九五六	四十四歳	原爆《げんばく》の図第十部《署名《しょめい》》を発表 十部作の完成《かんせい》を機《き》に世界巡回展《じゅんかいてん》をおこなう 位里《いり》の母、スマが亡《な》くなる	日本が国際連合《こくさいれんごう》に加盟《かめい》する
	一九五九	四十七歳	原爆《げんばく》の図第十一部《母子像》を発表	
	一九六七	五十五歳	埼玉県東松山市《さいたまけんひがしまつやまし》に原爆《げんばく》の図丸木美術館《まるきびじゅつかん》を開館する 映画《えいが》『原爆之圖《げんばくのず》』（宮島義勇《みやじまよしお》監督《かんとく》）完成《かんせい》	
	一九六八	五十六歳	原爆《げんばく》の図第十二部《とうろう流し》を発表	小笠原諸島《おがさわらしょとう》本土復帰《ふっき》
	一九七〇	五十八歳	原爆《げんばく》の図アメリカ巡回展《じゅんかいてん》始まる	大阪万博《おおさかばんぱく》が開かれる
	一九七一	五十九歳	原爆《げんばく》の図第十三部《米兵捕虜《べいへいほりょ》の死》を発表 『日本の伝説《でんせつ》』（講談社《こうだんしゃ》）でブラチスラバ世界絵本原画《げんが》展《てん》の金のりんご賞《しょう》を受賞《じゅしょう》	

昭和	一九七二	六十歳	原爆《げんばく》の図第十四部《からす》を発表	沖縄《おきなわ》本土復帰《ふっき》
昭和	一九七三	六十一歳	広島市《ひろしまし》の依頼《いらい》により《ひろしまの図》を制作《せいさく》、広島平《ひろしまへい》和記念資料館《わきねんしりょうかん》に寄贈《きぞう》する	第一次オイルショックが起こる
昭和	一九八〇	六十八歳	絵本『ひろしまのピカ』（小峰書店《こみねしょてん》）を刊行《かんこう》する	日本がモスクワオリンピックをボイコットして不参加《ふさんか》となる
昭和	一九八一	六十九歳	映画《えいが》『水俣《みなまた》の図・物語』（土本典昭監督《つちもとのりあきかんとく》）完成《かんせい》	中国残留孤児《ざんりゅうこじ》の初《はつ》来日
昭和	一九八二	七十歳	原爆《げんばく》の図第十五部《ながさき》を発表	
昭和	一九八四	七十二歳	《沖縄戦《おきなわせん》の図》を発表 映画《えいが》『命《ぬち》どぅ宝《たから》—おきなわ戦《せん》の図—』（前田憲二監督《まえだけんじかんとく》）完成《かんせい》	グリコ・森永《もりなが》事件《じけん》が起こる
昭和	一九八六	七十四歳	映画《えいが》『劫火《ごうか》—ヒロシマからの旅』（ジャン・ユンカーマン監督《かんとく》）完成《かんせい》	チョルノービリ（チェルノブイリ）原発事故《じこ》が起こる
平成	一九九四	八十二歳	沖縄県宜野湾市《おきなわけんぎのわんし》に佐喜眞美術館《さきまびじゅつかん》が開館	
平成	一九九五	八十三歳	ノーベル平和賞《しょう》にノミネートされる 十月、位里《いり》が亡《な》くなる	阪神《はんしん》・淡路大震災《あわじだいしんさい》が起こる
平成	二〇〇〇	八十七歳	一月、亡《な》くなる	

参考

美術館《びじゅつかん》へ行こう

丸木位里《まるきいり》、丸木俊《まるきとし》の作品を展示《てんじ》している美術館《びじゅつかん》です。
ふたりが描《か》いた絵を実際《じっさい》に見てみましょう。

原爆《げんばく》の図丸木美術館《まるきびじゅつかん》

「原爆《げんばく》の図」を、だれでもいつでも見ることができるようにという思いをこめて建《た》てた美術館《びじゅつかん》

〒355-0076　埼玉県東松山市下唐子 1401
TEL：0493-22-3266　https://marukigallery.jp/
開館時間：3 月～ 11 月 9:00 ～ 17:00
12 月～ 2 月 9:30 ～ 16:30
休館日：月曜・12 月 29 日～ 1 月 3 日

佐喜眞美術館《さきまびじゅつかん》

沖縄戦《おきなわせん》を体験《たいけん》した人びとの証言《しょうげん》をもとに描《か》いた「沖縄戦《おきなわせん》の図」を見ることができる美術館《びじゅつかん》

〒901-2204　沖縄県宜野湾市上原 358
TEL：098-893-5737　https://sakima.jp
開館時間：9:30 ～ 17:00
休館日：火曜・旧盆・年末年始

資料提供・協力

丸木ひさ子
有限会社流々
原爆の図丸木美術館
佐喜眞美術館

参考資料

『原爆の図　丸木位里と丸木俊の芸術』（原爆の図丸木美術館）
『画文集　ちび筆』（丸木位里　赤松俊子・著　室町書房）
『生々流転』（丸木俊子・著　実業之日本社）
『鎮魂の道　原爆・水俣・沖縄』（丸木位里　丸木俊　水上勉・著　岩波書店）
『生誕100年記念　丸木俊展　女絵かきがゆく―モスクワ、パラオ、そして原爆の図』
（一宮市三岸節子記念美術館）
『女絵かきの誕生』（丸木俊・著　日本図書センター）
『幽霊　原爆の図世界巡礼』（丸木俊・著　朝日新聞社）
『丸木位里画文集　流々遍歴』（丸木位里・著　岩波書店）
『ふたりの画家―丸木位里・丸木俊の世界　本橋成一写真録』（本橋成一・著 晶文社）
『石牟礼道子全集・不知火　第14巻』（石牟礼道子・著　藤原書店）
『池袋モンパルナス』（宇佐美承・著　集英社）
『丸木位里・俊の時空　絵画としての「原爆の図」』（ヨシダ・ヨシエ・著　青木書店）
『「原爆の図」描かれた〈記憶〉、語られた〈絵画〉』（小沢節子・著　岩波書店）
『《原爆の図》全国巡回― 占領下、100万人が観た！』（岡村幸宣・著　新宿書房）
『《原爆の図》のある美術館―丸木位里、丸木俊の世界を伝える』
（岩波ブックレット　岡村幸宣・著　岩波書店）

著者紹介

作者

岡村幸宣（おかむら　ゆきのり）

1974年生まれ。東京造形大学造形学部比較造形専攻卒業。同研究科修了。2001年より原爆の図丸木美術館に学芸員として勤務し、丸木位里・丸木俊夫妻を中心とした社会と芸術表現の関わりについての研究、展覧会の企画などを行っている。2016年第22回平和・協同ジャーナリスト基金奨励賞を受賞。著書に『非核芸術案内 ― 核はどう描かれてきたか』『《原爆の図》のある美術館 ― 丸木位里、丸木俊の世界を伝える』（ともに岩波ブックレット 岩波書店）、『《原爆の図》全国巡回 ― 占領下、100万人が観た！』『未来へ ― 原爆の図丸木美術館学芸員作業日誌 2011-2016』（ともに新宿書房）があるほか、共著も多数ある。

企画・編集

野上　暁（のがみ　あきら）

日本ペンクラブ常務理事、JBBY副会長、東京純心大学こども文化学科客員教授。

装丁　白水あかね
編集協力　平勢彩子　樋口華子

伝記を読もう　30

丸木俊
「原爆の図」を描き世界に戦争を伝える

2023年3月　初　版
2024年3月　第２刷

作　者　岡村幸宣

発行者　岡本光晴
発行所　株式会社 あかね書房
〒101-0065　東京都千代田区西神田 3-2-1
電話　03-3263-0641（営業）　03-3263-0644（編集）
https://www.akaneshobo.co.jp
印刷所　図書印刷 株式会社
製本所　株式会社 難波製本

NDC289　152p　22cm　ISBN 978-4-251-04631-4

伝記を読もう

人生っておもしろい！
さまざまな分野で活躍《かつやく》した人たちの、
生き方、夢《ゆめ》、努力《どりょく》…… 知ってる？

❶ **坂本龍馬《さかもとりょうま》**
世界を夢《ゆめ》見た幕末《ばくまつ》のヒーロー

❷ **豊田喜一郎《とよだきいちろう》**
自動車づくりにかけた情熱《じょうねつ》

❸ **やなせたかし**
愛《あい》と勇気《ゆうき》を子どもたちに

❹ **伊能忠敬《いのうただたか》**
歩いて作った初《はじ》めての日本地図

❺ **田中正造《たなかしょうぞう》**
日本初《はつ》の公害《こうがい》問題に立ち向かう

❻ **植村直己《うえむらなおみ》**
極限《きょくげん》に挑《いど》んだ冒険家《ぼうけんか》

❼ **荻野吟子《おぎのぎんこ》**
日本で初《はじ》めての女性医師《じょせいいし》

❽ **まど・みちお**
みんなが歌った童謡《どうよう》の作者

❾ **葛飾北斎《かつしかほくさい》**
世界を驚《おどろ》かせた浮世絵師《うきよえし》

❿ **いわさきちひろ**
子どもの幸せと平和を絵にこめて

⓫ **岡本太郎《おかもとたろう》**
芸術《げいじゅつ》という生き方

⓬ **松尾芭蕉《まつおばしょう》**
俳句《はいく》の世界をひらく

⓭ **石井桃子《いしいももこ》**
子どもたちに本を読む喜《よろこ》びを

⓮ **円谷英二《つぶらやえいじ》**
怪獣《かいじゅう》やヒーローを生んだ映画監督《えいがかんとく》

⓯ **平賀源内《ひらがげんない》**
江戸《えど》の天才アイデアマン

⓰ **椋《むく》　鳩十《はとじゅう》**
生きるすばらしさを動物物語《どうぶつものがたり》に

⓱ **ジョン万次郎《まんじろう》**
海をわたった開国の風雲児《ふううんじ》

⓲ **南方熊楠《みなかたくまぐす》**
森羅万象《しんらばんしょう》の探究者《たんきゅうしゃ》

⓳ **手塚治虫《てづかおさむ》**
まんがとアニメでガラスの地球《ちきゅう》を救《すく》え

⓴ **渋沢栄一《しぶさわえいいち》**
近代日本の経済《けいざい》を築《きず》いた情熱《じょうねつ》の人

㉑ **津田梅子《つだうめこ》**
日本の女性《じょせい》に教育で夢《ゆめ》と自信を

㉒ **北里柴三郎《きたざとしばさぶろう》**
伝染病《でんせんびょう》とたたかった不屈《ふくつ》の細菌《さいきん》学者

㉓ **前島《まえじま》　密《ひそか》**
郵便《ゆうびん》で日本の人びとをつなぐ

㉔ **かこさとし**
遊びと絵本で子どもの未来を

㉕ **阿波根昌鴻《あはごんしょうこう》**
土地と命を守り沖縄から平和を

㉖ **福沢諭吉《ふくざわゆきち》**
自由と平等を教えた思想家

㉗ **新美南吉《にいみなんきち》**
愛《あい》と悲しみをえがいた童話作家

㉘ **中村《なかむら》　哲《てつ》**
命の水で砂漠《さばく》を緑にかえた医師《いし》

㉙ **牧野富太郎《まきのとみたろう》**
植物研究ひとすじに

㉚ **丸木《まるき》　俊《とし》**
「原爆《げんばく》の図」を描《えが》き世界に戦争《せんそう》を伝《つた》える